Lars Jonsson

Vögel der Fluren und am Wasser

Aus dem Schwedischen
übersetzt und bearbeitet von
Dr. Helmut Demuth

Kosmos
Gesellschaft der Naturfreunde
Franckh'sche Verlagshandlung
Stuttgart

Umschlag von Edgar Dambacher unter Verwendung einer Aufnahme von
Wolfgang Bechtle
Das Bild zeigt einen Weißstorch *(Ciconia ciconia)*
Mit 346 farbigen Illustrationen und 115 farbigen Verbreitungskarten von Lars Jonsson
Aus dem Schwedischen übersetzt und bearbeitet von Dr. Helmut Demuth
Titel der Originalausgabe „Fåglar i naturen. Sjö, å, träsk och åkermark“, erschienen
bei Wahlström & Widstrand, Stockholm 1977, unter ISBN 9-46-12491-8

CIP-Kurztitelaufnahme der Deutschen Bibliothek

Jonsson, Lars
Vögel der Fluren und am Wasser / aus d. Schwed.
übers. u. bearb. von Helmut Demuth. – 1. Aufl.
– Stuttgart : Franckh, 1978.
(Kosmos-Feldführer)
Einheitssacht.: Fåglar i naturen ‹dt.›
Teilausg. d. Orig.-Werks.
ISBN 3-440-04505-6
NE: Demuth, Helmut [Bearb.]

Franckh'sche Verlagshandlung, W. Keller & Co., Stuttgart/1978

Printed in Portugal/Imprimé au Portugal/LH 17 dö/ISBN 3-440-04505-6
Satz: Konrad Triltsch, Graphischer Betrieb, Würzburg
Druck und Buchbinder: Gris Impressores S. A. R. L., Lissabon, Portugal

Vögel der Fluren und am Wasser

Das vorliegende Buch, das dritte des fünfbändigen Werkes, behandelt die Vögel der Binnengewässer und Feuchtgebiete, der Moore und Heiden und der reinen Ackerbaulandschaft. Es erfaßt Europa südlich der Taiga und nördlich der Mittelmeerländer mit Ausnahme der Alpen, der Karpaten und der anderen hohen Gebirge Mitteleuropas. Es ist schwer, die Vögel nach ihrer Zugehörigkeit zu einem bestimmten Biotop einzuteilen, weil es sich um eine sehr bewegliche Tierklasse handelt, die weite Wanderungen unternimmt und oft je nach der Jahreszeit deutliche Unterschiede in Verhalten und Ernährung aufweist. Deshalb werden einige Arten in mehr als einem Band behandelt. Im übrigen sind die meisten Arten, die im Wald oder Garten brüten, aber in gewissem Umfang in der Feldmark Nahrung suchen – z. B. Tauben, Star, Dohle, Drosseln und Finken –, ausgeschlossen worden. Einige Sumpf- und Heidevogelarten, deren Hauptverbreitungsgebiet im Mittelmeer- und Schwarzmeerraum, teilweise auch in Ungarn liegt, die lokal jedoch weiter nördlich brüten – Seiden-, Silber- und Rallenreiher, Löffler, Zwergtrappe, Brachschwalbe, Weißbartseeschwalbe, Kurzzehenlerche, Seidensänger und Provencegrasmücke – sind ebenfalls nicht aufgenommen oder nur kurz genannt worden. Dagegen werden Arten behandelt, die nördlich des erfaßten Gebietes brüten, aber regelmäßig in südlicher gelegenen Feuchtgebieten rasten oder überwintern (mit Ausnahme gewisser Watvogelarten, s. S. 72), nicht aber solche, die, wie Steinadler, Rauhfußbussard, Merlin, Schnee-Eule, Ohrenlerche, Bergfink, Sporn- und Schneeammer, im hohen Norden brüten, aber außerhalb der Brutzeit auch in Ackerbau- und Heidegebieten weiter südlich auftreten. Einige Arten, die aus Schwimmvogelsammlungen in zoologischen Gärten und dgl. entwichen bzw. ausgesetzt worden sind, ohne unserer Fauna anzugehören – z. B. Schnee- und Streifengans, Mandarin- und Brautente, sind in der Regel ebenfalls ausgeschlossen worden.

Sie finden . . .

Der Vogel in seinem Lebensraum

Seen und Teiche

Die unterschiedliche Lebensweise der Vogelarten, die verschiedenen Rollen, die sie in der Natur spielen, und die verschiedenen Nischen, die sie einnehmen, binden sie an einen mehr oder weniger eng begrenzten Biotop. Der Süßwassersee bildet mittel- oder unmittelbar den Lebensraum vieler Vogelarten. Je nach der Quantität oder Qualität des Angebots an Nahrung, Deckung, Nistplätzen usw. weisen die verschiedenen See- und Ufertypen eine sehr unterschiedliche Vogelfauna auf. Man unterscheidet zwischen nahrungsreichen oder eutrophen und nahrungsarmen oder oligotrophen Seen. Die vogelreichsten Gewässer sind eutrophe und meist seichte Flachlandseen und Teiche.

Die flachen, dicht bewachsenen Ufer bieten Nahrung und Deckung in reichstem Maße. An einem solchen See kann man eine Einteilung des Pflanzengürtels in Zonen feststellen. Das eigentliche Ufer, d. h. das Gebiet zwischen dem höchsten und dem niedrigsten Wasserstand, ist, wenn die Umgebung tief liegt, oft von sumpfigen Wiesen und Gräben eingefaßt. Dort kommen Erlen, mehrere Weidenarten und eine reiche Krautvegetation von verschiedenen Seggen, Schwertlilien, Blutweiderich usw. vor. Diese Uferzone weist einen großen Artenreichtum an Pflanzen, Insekten, Fröschen usw. auf, und Vögel wie Bekassine, Zwergsumpfhuhn, Schafstelze, Schilf- und Seggenrohrsänger, Blaukehlchen, Beutelmeise und Rohrammer brüten dort. Störche, Weihen, Limikolen, Pieper und andere Vögel rasten in dieser Zone und suchen dort Nahrung. Im seichten Wasser wachsen z. B. Pfeilkraut, Froschbiß, Igelkolben und Schwanenblume, und Zwergtaucher, Bleßhuhn, Teichhuhn, Schwimmenten, Höckerschwan und viele andere Arten suchen z. T. dort ihre Nahrung. Außerhalb der Uferzone, wo das Wasser selten austrocknet, beginnt der auffallende, oft ausgedehnte Gürtel von Schilf, Rohrkolben und Binsen. Den Schwimmvögeln bietet diese Zone die lebenswichtige Dekkung, in der sie brüten und sich aufhalten können. Rohrweihe, Lachmöwe, Enten und Höckerschwan brüten auf dem vom dürren Schilf gebildeten Horsten und Inselchen. Das reiche Angebot an Insekten, Schnecken und anderen Kleintieren wird von vielen Arten genutzt. Einige Singvogelarten wie Teich- und Drosselrohrsänger, Rohrschwirl und Bartmeise haben sich ganz an die besondere Umwelt des Röhrichts angepaßt. Jenseits des Schilfgürtels liegt eine Zone mit flutenden Pflanzen, d. h. Arten, deren Blätter und Blüten auf der Wasseroberfläche schwimmen, die aber, z. B. durch lange Stengel, mit dem Boden verbunden sind. Dort wachsen u. a. Seerosen, Laichkräuter und Wasserknöterich. Manche von diesen Pflanzen bilden eine wichtige Nahrung für Schwimmenten, Höckerschwan und Bleßhuhn. Weiter draußen in noch tieferem Wasser wachsen nur die Arten, die ganz im Wasser untergetaucht sind, z. B. Tausendblatt, Hornblatt und Wasserpest. Solche Pflanzen werden auch von Tauchenten und tauchenden Bleßhühnern verzehrt. Diejenigen tauchenden Schwimmvogelarten, die zum großen Teil von Fischen und anderen Tieren leben, suchen ihre Nahrung oft in offenem Wasser, wo es we-

Löffelente, Erpel im Prachtkleid

niger Pflanzen gibt. In stillem Wasser wachsen oft Wasserlinsen, kleine Wasserpflanzen mit einem einzigen runden Blatt und einem oder mehreren kleinen, dünnen Wurzelfäden. Sie schwimmen auf dem Wasser oder sind ganz untergetaucht. Wegen ihres hohen Proteingehalts und ihres reichlichen Vorkommens sind sie von großer Bedeutung, u. a. für Enten. Das Süßwasser und seine Pflanzengesellschaften beherbergen zahlreiche Insektenarten, die für viele Vögel in der Nahrungskette die Hauptnahrung bilden. Die Gruppe der Zuckmücken, die in einem einzigen See bis zu hundert Arten umfassen kann, wird in verschiedenen Entwicklungsstadien von Raubinsekten, Fischbrut, Fischen, Spinnen, Lappentauchern, Jungenten, Sumpfhühnern, Watvögeln u. a. gefressen. Die gewaltigen Mengen, vor allem von Schwalben und Mauerseglern, aber auch von Trauer- und Weißflügelseeschwalben sowie von Lach- und Zwergmöwen, die sich oft über einem Vogelsee sammeln, sind ein sprechender Beweis für die reiche Insektenproduktion dieses Biotops.
Das ökologische System des Süßwassers ist kompliziert, die Nahrungskette ist oft lang. Es ist ein nahezu geschlossenes System, in dem alles verbraucht und wieder verwendet wird, und das Gleichgewicht zwischen allen Lebewesen ist sehr empfindlich gegenüber Veränderungen. Licht, Temperatur, Sauerstoffvorrat und Nahrungsangebot regulieren das Pflanzenwachstum. Die kleinsten und einfachsten Pflanzen bilden das pflanzliche Plankton, das vom tierischen Plankton verzehrt wird, dieses wird von Insektenlarven und Fischbrut verzehrt, die wiederum von Fischen, den kleinen Taucherarten, Jungenten usw. verzehrt werden. Die Nahrungskette erweitert und verzweigt sich zu einem System, in dem alle Pflanzen- und Tierarten, eingeschlossen der Graureiher, der Fischadler, die Rohrweihe und schließlich der Mensch, eine bedeutende Rolle spielen. Auf allen Stufen der Nahrungskette fällt totes Material zu Boden, wo Bakterien und Pilze die Nährstoffe freisetzen. Bei diesem Vorgang werden Nährsalze im Boden gebunden. Wenn dem See mit Abwasser und Grundwasser Nährsalze, vor allem Stickstoff- und Phosophorverbindungen, zugeführt werden, steigert sich das Pflanzenwachstum, und das Gleichgewicht wird gestört. Das geschieht z. B., wenn Regenwasser Nitrate (Stickstoffverbindungen) aus mit Kunstdünger behandelten (vor allem aus falsch gedüngten oder überdüngten) Feldern und Wäldern auswäscht; ebenso wenn den Seen durch Abwässer Phosphate, z. B. aus Waschmitteln, zugeführt werden. Die durch diese Düngung vermehrte Pflanzenmasse überlastet den Zersetzungsprozeß in der Bodenschicht; dadurch wird der Sauerstoff aufgebraucht, die im Boden abgelagerten Nährsalze werden freigesetzt, und der Verlandungsvorgang wird drastisch beschleunigt. Die Verlandung eines nahrungsreichen Flachlandsees ist ein natürlicher, aber langsamer Vorgang, und die künstliche Düngung durch den Menschen ist, ebenso wie Veränderungen des Grundwasserspiegels und Trockenlegungen vom ökologischen Standpunkt aus ein Unglück.

Oligotrophe Seen finden sich vor allem in Skandinavien. Sie sind tiefer und liegen im Gebirge, oft im Urgestein. Sie haben einen geringeren Pflanzenbewuchs, und das tierische Plankton übertrifft das pflanzliche, was die Zahl der Arten angeht. Unter den Fischen herrschen die Salmoniden (Lachse, Forellen, Saiblinge) vor, und die häufigsten Vogelarten, z. B. Prachttaucher, Schellente und Gänsesäger, leben in der Hauptsache von Fischen und anderen Tieren. Die Sturmmöwe ist ebenfalls ein Charaktervogel nahrungsarmer Seen. Natürlich gibt es keine scharfen Grenzen zwischen den verschiedenen Seetypen, vielmehr finden sich sämtliche Übergangsstufen.

Flüsse und andere fließende Gewässer

Fließende Gewässer stellen offenere Systeme dar, bei denen Nährstoffe und Organismen gleichmäßig zu- und abgeführt werden. Sie haben ebenfalls eine reiche, an das fließende Wasser angepaßte Flora und Insektenfauna; so haben die Tiere z. B. Haken und Saugnäpfe entwickelt oder die Neigung, sich unter Steinen aufzuhalten. Charakteristische Vogelarten der fließenden Gewässer sind Eisvogel, Wasseramsel und Gebirgsstelze.

Feuchtgebiete

Unter Feuchtgebieten versteht man Moore, Uferwiesen, Sümpfe, Sumpfwiesen und andere Gebiete, die teilweise unter Wasser stehen oder ans Wasser grenzen. Früher hat man sie als nutzlos angesehen, und obwohl wir heute besser Bescheid wissen über ihre zentrale Bedeutung im Ökosystem, wird diese oft gegenüber – leider vielfach kurzsichtigen – wirtschaftlichen Interessen hintangesetzt. In dem Bestreben, die Anbaufläche zu vergrößern, sind in den letzten Jahrhunderten in großen Teilen Europas die meisten Feuchtgebiete trockengelegt oder anderweitig zerstört worden, z. B. durch Torfstich. Die Erhöhung der Getreideerzeugung ist in vielen Fällen fragwürdig, da die Senkung des Grundwasserspiegels auf die Dauer zu einer Austrocknung der Böden im ganzen Gebiet führt. Kaum eine andere Veränderung der Landschaft hat in jüngerer Zeit den Lebensraum vieler Pflanzen- und Tierarten so durchgreifend beeinträchtigt. Schwarz- und Weißstorch, Zwergsumpfhuhn, Doppel- und Uferschnepfe, Trauer- und Weißflügelseeschwalbe sowie Seggenrohrsänger sind Beispiele für Vogelarten der Feuchtgebiete, die in Nord- und Westeuropa in auffallender Weise abgenommen haben. Feuchtgebiete sind wichtige Nahrungsproduzenten und von zentraler Bedeutung für eine reiche und mannigfaltige Tierwelt und müssen daher bewahrt und geschützt werden. Das Lokalklima und der Grundwasserspiegel werden ebenfalls durch den Zustand der Seen und Feuchtgebiete beeinflußt.

Die Feldmark

Die Feldflur Europas ist größtenteils aus Laubwaldgebieten und zu einem gewissen Teil aus Feuchtgebieten gewonnen worden. Die biologische Verflechtung mit diesen beiden Lebensräumen liegt daher auf der Hand. Die Erklärung für den Vogelreichtum der Kulturlandschaft liegt auch in der Kombination dieser drei Biotope, wobei die Getreidefelder als Nahrungsquelle und Umwelt nur einen Teil ausmachen. Eingestreute Gehölze und Hecken, Gärten, Teiche und Gräben und die reiche Krautflora der Wege, Feldraine und Brachfelder stellen für die meisten Arten die wichtigsten Teile der Kulturlandschaft dar. Die Entwicklung in der Landwirtschaft geht in Richtung auf große Flächen mit einer einzigen Pflanzenart, sog. Monokulturen. Die Intensivierung der Landwirtschaft, die die Beseitigung von Bäumen und Gebüschen, die Trockenlegung von Feuchtgebieten und die Anwendung von Gift gegen Schadinsekten und Unkräuter mit sich bringt, wirkt sich negativ auf viele Vogelarten der Kulturlandschaft aus. Die Düngemittel und Gifte, die über das Ackerland gesprüht werden, werden vom Wasser in die Seen getragen und beeinflussen auch diesen Lebensraum.

Feldbestimmung und Gestalt des Vogels

Gefieder

Wenn man das Aussehen der Vögel studiert, ist eine gewisse Kenntnis ihrer Gestalt und einiger Ausdrücke, die in diesem Zusammenhang gebraucht werden, eine Grundvoraussetzung. Das auffallendste bei den Vögeln als Tierklasse sind wohl das Flugvermögen und das Federkleid. Die Federn bestehen hauptsächlich aus zwei Typen, Dunen und Kontur- oder Deckfedern. Bei einigen Ordnungen sind die Jungen beim Schlüpfen mit einer wärmenden Dunenschicht bedeckt. Dies ist durchweg der Fall bei Arten, deren Junge schon in zartem Alter im Horst allein gelassen werden (z. B. Greifvögel und Eulen), ebenso wie bei solchen, deren Junge das Nest sofort verlassen (z. B. Enten- und Hühnervögel). Bei erwachsenen Vögeln wird die äußere „Hülle“ von Konturfedern gebildet, und die darunterliegenden wärmedämmenden Dunen werden von ihnen verdeckt. Von den Konturfedern des Körpers haben viele auch einen dunenartigen unteren Teil. Bei manchen Arten kommt auch eine Nebenfeder in Gestalt einer Dune vor, die an der Basis des Schaftes der Konturfeder sitzt, wie es bei den Hühnervögeln der Fall ist. Es gibt auch sog. Halbdunen, ein Mittelding zwischen Dunen und Konturfedern (s. Abb.). Die Federn sind in Feldern oder „Fluren“ auf dem Körper angeordnet und bilden mehr oder weniger unterscheidbare Teile der Gestalt. Sie stellen den Ausgangspunkt bei der Beschreibung des Gefieders dar, und sie sind zusammen mit anderen wichtigen Teilen und typischen Zeichnungen auf dem Bild S. 13 dargestellt.

Mauser

Ein wichtiger Abschnitt im Jahreskreislauf des Vogels ist die Erneuerung des Gefieders, die sog. Mauser. Schwanz- und Flügelfedern sowie bestimmte Deckfedern und der Nebenflügel werden bei den meisten Arten einmal im Jahr ausgewechselt. Das Körpergefieder, die meisten Deckfedern sowie oft auch die Oberarmschwingen und die mittleren Schwanzfedern werden ein- oder zweimal, ausnahmsweise dreimal im Jahr gewechselt. Beispiele für Vogelgruppen, die das Körpergefieder zweimal im Jahr wechseln, sind Lappentaucher, Schwimmenten, viele Schnepfenvögel, Möwen, Seeschwalben, Stelzen, Pieper und Sänger. Der Mauserverlauf ist oft kompliziert, und das Grundschema einer Art wird auch durch das Nahrungsangebot, die Rassenzugehörigkeit, die Zugzeiten usw. beeinflußt. Die Kenntnis der Mauser der Vögel, z. B. zu welcher Jahreszeit und wie oft sie mausern, in welcher Reihenfolge die verschiedenen Gruppen von Federn gemausert werden usw., ist bei der Bestimmung verschiedener Arten oft eine große Hilfe. Während großer Teile des Jahres trifft man auf mausernde Exemplare, d. h. Vögel in Übergangs- (intermediären) Kleidern.

Verschiedene Federkleider

Das erste eigentliche Federkleid eines Vogels (außer dem ersten Dunenkleid) nennt man Jugendkleid (juvenil). Bei einigen Familien und den Sperlingsvögeln wird dieses in den meisten Fällen sehr bald ganz oder teilweise gegen ein neues vertauscht. Bei den meisten Arten, wo dies geschieht, z. B. Lerchen, Piepern, Drosseln und Ammern, haben die Federn eine etwas andere Struktur, sie sind dünner und duniger und weniger widerstandsfähig gegen Verschleiß. Die Färbung dient dazu, die ausgeflogenen Jungen vor Entdeckung zu schützen. Das darauf folgende Gefieder wird meist durch Auswechseln der Körperfedern und gewisser Flügeldecken, der Oberarmschwingen und der mittleren Schwanzfedern erworben; bei Hühnern, Lerchen und Bartmeise werden jedoch alle Federn gewechselt. Bei den Enten z. B. wird dabei das erste Winterkleid angelegt, das bei Schwimm- und Tauchenten sowie bei Sägern völlig dem Winter- oder Prachtkleid der Altvögel gleicht; die Enten sind ja am schönsten im Winter, wenn die Paarbildung stattfindet. Jungenten legen jedoch ihr Winterkleid später an als die Altvögel, und es wird manchmal erst im Winter vollständig ausgebildet. Bei vielen Arten geht jedoch dem Erwachsenenkleid des völlig ausgefärbten Vogels, dem sog. adulten Kleid, eine wechselnde Zahl von Jugend- oder subadulten Kleidern voraus; das ist z. B. bei Weihen, Falken, Möwen und der Weidenammer auffällig. Bei den Arten, die das Körpergefieder zweimal im Jahr ganz oder teilweise auswechseln, kann man meist ein Winter- und ein Sommerkleid unterscheiden, z. B. bei Lappentauchern, Enten, Möwen, Seeschwalben, Stelzen und manchen Drosseln. Bei vielen Sperlingsvögeln entsteht das Sommerkleid durch Abnutzung. Die Federn des Winter- oder Herbstkleides, das im Spätsommer oder Herbst angelegt wird, haben äußerst breite Säume; diese nützen sich ab, und dadurch werden nach und nach die darunterliegenden bunteren Federteile freigelegt (z. B. bei Blaukehlchen und Rohrammer). Bei manchen Arten geschieht dies gleichzeitig mit der Mauser gewisser Federgruppen, z. B. bei Steinschmätzer, Braunkehlchen und Zaunammer. Man muß sich also drei unterscheidbare Kleider einprägen:

Rotfußfalke ♀
Scheitel
Nacken
Stirn
Kehle
Mantel
Rücken
Schulter
Brust
Bauch
Oberarm
schwingen
Hand-
schwingen
Unterschwanz-
decken
Oberschwanz-
decken
Schwanzfedern
Zügel
Schnabel
Brauenstreif
Ohrdecken
Augenring
Bartstreif
Handdecken
Handschwingen
Nebenflügel
Armdecken
Armschwingen
Große Armdecken
Flügelbinde
Oberarmschwingen
Flügelspiegel

juv. Als juvenil bezeichnet man den Vogel, bis er beginnt, den 2. Satz Schwungfedern auszubilden. In diesem Buch bedeutet „juv." jedoch nur, daß der Vogel das erste eigentliche Federkleid trägt. Bei den Arten, die das Körpergefieder ein- oder zweimal mausern, ehe die Schwungfedern ausgewechselt werden, heißt es „juv. Herbst", „juv. 1. Winter" usw.

ad. Als adult wird der Vogel bezeichnet, wenn er völlig ausgefärbt ist. Hat der adulte Vogel zwei oder mehr unterscheidbare Kleider im Jahr, so wird er als „ad. Winter (Herbst)" bzw. „ad. Sommer (Frühjahr)" bezeichnet. Fehlt eine Bezeichnung, so ist der Vogel im adulten Sommer- bzw. (bei Enten) Winter- oder Prachtkleid ausgebildet.

subad. Als subadult wird der Vogel bezeichnet, wenn er nicht mehr juvenil, aber noch nicht völlig ausgefärbt, d. h. adult ist. Der Ausdruck „Jungvogel" wird für alle nicht adulten, d. h. für juvenile und subadulte Vögel verwandt.

Das Aussehen des Vogels – Probleme bei der Feldbestimmung

Wer beginnt, sich für Vögel, ihr Aussehen und ihre verschiedenen Kleider zu interessieren, merkt bald, daß es innerhalb einer Art oft beträchtliche Variationen gibt. Manche Arten haben in allen Kleidern ein oder mehrere auffällige Kennzeichen, die sie in den meisten Situationen leicht kenntlich machen. Andere haben schwerer festzustellende Merkmale und weisen vielleicht so große individuelle Unterschiede auf, daß es schwer oder geradezu unmöglich ist, sie im Feld zu bestimmen. Lappentaucher, Enten, Weihen, Falken, Lerchen, Pieper, Sänger und Ammern sind Beispiele für Gruppen, bei denen es schwer ist, einzelne Jungvögel in gewissen Kleidern der Art nach richtig zu bestimmen. Alle normalen Gefiedervariationen und Übergangskleider sowie die Verschiedenheiten im Aussehen eines Vogels je nach den Umständen, lassen sich unmöglich in einem Handbuch vollständig darstellen. Das Wissen um den Variationsreichtum und die Veränderlichkeit der Natur, Geduld, Genauigkeit und ein Fünkchen Phantasie sind wertvolle Ergänzungen zu den Angaben, die ein Feldführer enthalten kann.
Zwei Beispiele dafür sind eine schwer zu bestimmende Weihe (S. 15) und Feldlerchen in verschiedenen Situationen (S. 16).

Stimme

Die Kenntnis der Stimme ist sehr wichtig für die Feldbestimmung, bei gewissen Arten, z. B. Sumpfhühnern und Sängern, sogar am wichtigsten. Die verschiedenen Lautäußerungen haben im Kontakt mit Artgenossen eine besondere Bedeutung. Sie können nach ihrer Funktion in Gruppen eingeteilt werden. In vielen Fällen sind jedoch die Übergänge zwischen den Gruppen fließend, und die folgende Aufzählung kann nur als Anhalt dienen: Gesang oder Balzruf, Lockruf, Stimmfühlungs- oder Kontaktlaut, Warnruf, Bettellaut, übrige Lautäußerungen. Bei den Enten z. B., bei denen die visuellen Signale von größerer Bedeutung sind als die akustischen, ist der Gesang oder besser der Balzruf meist gleich dem Stimmfühlungslaut bzw. Lockruf. Unterschiede der Bedeutung bei den verschiedenen Lockrufen und Stimmfüh-

Eine Weihe aus dem Süden Gotlands im Mai 1976. Gestalt, Färbung und Flugweise weisen sie als Steppen- oder Wiesenweihe aus. Die hellgrauen Gefiederteile besagen, daß es sich um ein Männchen handelt, die juvenilen Schwung- oder Steuerfedern sowie das vorwiegend jugendliche Gefieder, daß es etwa ein Jahr alt ist. Sprechen, da beim Steppenweihenmännchen Kehle und Brust weiß sind, die graue, relativ dunkle Kehle und Brust für Wiesenweihe? Ein heller Kragen kann bei einem Wiesenweihenmännchen in diesem Alter vorkommen.

lungslauten sind in vieler Hinsicht unklar. Einige Arten, z. B. die Schafstelze, haben eine große Anzahl von Lockrufen.
Stimmfühlungslaute nennt man Laute, die dem Zusammenhalten des Verbandes dienen, sie sind von den Lockrufen verschieden, z. B. der „prüllülü . . .“-Ruf der Goldammer. Warnruf und Lockruf verschmelzen bei einer Reihe von Arten oder werden je nach der Stimmung kombiniert, während sie bei anderen völlig von den übrigen Lauten verschieden sind.

Verhalten, Vorkommen und Verbreitung

Ebenso wie Aussehen und Stimme spielen Verhalten und Vorkommen eine wesentliche Rolle bei der Feldbestimmung, besonders wenn es gilt, festzustellen, welcher Familie und welcher Gattung ein bestimmter Vogel angehört, aber auch bei der Artbestimmung. Ein kleiner Falke, der über einem Sumpf Insekten jagt, ist aller Wahrscheinlichkeit nach ein Rotfuß- oder ein Baumfalke. Wenn er manchmal in der Luft stehen bleibt und rüttelt, ist es sicher ein Rotfußfalke (der Turmfalke rüttelt auch, jagt aber niemals über ei-

nem Sumpf Insekten). Wenn eine Eule, bei der es um die Entscheidung zwischen Sumpf- und Waldohreule geht, abfliegt und sich etwas versteckt in das Astwerk eines Baumes setzt, handelt es sich um eine Waldohreule. Die Sumpfohreule setzt sich am liebsten auf den Boden, auf einen Stein oder einen Zaunpfahl; wenn sie sich auf einen Baum setzt, dann auf den Wipfel oder auf einen freistehenden Ast.
Man muß jedoch immer damit rechnen, daß sich alle Arten in einer fremdartigen Umgebung oder unter anderen ungewöhnlichen Verhältnissen anders als normal benehmen. Die Verbreitung, bei Zugvögeln auch das Vorkommen einer Art zu einer gewissen Jahreszeit, ist ein mehr oder weniger sicheres Indiz für die Bestimmung. So ist z. B. eine Knäkente in Mitteleuropa im Januar viel wahrscheinlicher eine Krickente. Einzelne Exemplare der meisten Arten, vor allem von Zugvögeln, sieht man jedoch regelmäßig weit außerhalb ihres normalen Verbreitungsgebietes. Die Verbreitung der verschiedenen Arten ist auf Karten dargestellt. Die Bedeutung der verschiedenen Farben und Zeichen ist unten erläutert. Die Siedlungsdichte ist sehr unterschiedlich, und man muß beachten, daß manche Arten in großen Teilen ihres Verbreitungsgebietes sehr selten sein können. Ebenso sind die Unterlagen über die Verbreitung der meisten Arten in Nord-, Mittel- und Westeuropa durchweg besser als in anderen Teilen des Kontinents. Im allgemeinen ist das Brutgebiet beständiger als das Überwinterungsgebiet, das oft von Jahr zu Jahr wechselt.

Drei Feldlerchen, oben ein ungewöhnlich helles Exemplar in stark abgenutztem Gefieder im Sommer, in der Mitte ein frisch vermausertes, ungewöhnlich rotes Exemplar im Herbst, oben von der Sonne beschienen, unten ein normales Exemplar, an einem trüben Tag im Schnee sitzend, daher stark unterbelichtet.

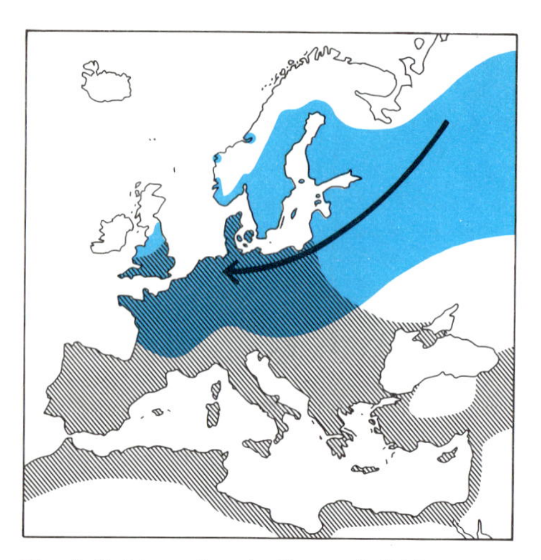

Blau: brütet, kommt nur im Sommerhalbjahr vor
Blauer Punkt: isoliertes Brutvorkommen, vereinzelte Kolonie
Schraffiert: überwintert
Blau und schraffiert: brütet und überwintert
Pfeil: Hauptzugrichtung von bzw. zu einem bestimmten, mehr oder weniger begrenzten Gebiet

Lappentaucher Ordnung Podicipediformes

Lappentaucher Familie Podicipedidae

Die Lappentaucher sind für das Leben im Wasser spezialisiert, und ihr Körperbau ist an das Schwimmen und Tauchen in und unter Wasser angepaßt. Am zigarrenförmigen Körper sind die Beine weit hinten eingelenkt. Die Schwanzfedern sind sehr stark zurückgebildet. Sie brüten auf nahrungsreichem Süßwasser aller Art, die drei großen Arten zum Teil auch auf geschützten Buchten der Ostsee. Die Nahrung besteht aus Fischen, Insekten, Kaulquappen, Schnecken usw., die tauchend erbeutet oder von der Wasseroberfläche aufgelesen werden. Vor allem bei den größeren Arten stellt das aus Pflanzenteilen erbaute Nest ein an einer Pflanze verankertes Schwimmfloß dar, das den Schwankungen des Wasserstandes zu folgen vermag. Auf dem Zug und im Winter sieht man die Lappentaucher oft an der Küste oder auf offenem Wasser. Manche Arten sind einander im Winter- und Jugendkleid sehr ähnlich. Bei der Bestimmung liegt das Hauptgewicht auf der Größe (falls eine Vergleichsmöglichkeit besteht), der Gestalt und kleinen, aber ausgeprägten Unterschieden an Hals, Kopf und Schnabel.
Die Seetaucher *(Gaviiformes)*, die in vielem an die Lappentaucher erinnern, sind deutlich größer und brüten in Nord- und Nordosteuropa vor allem auf Gebirgs- und Tundraseen sowie auf klaren, oft nahrungsarmen Waldseen. Der Prachttaucher *(Gavia arctica)*, 58 – 68 cm, ist auf größeren, klaren, vegetationsarmen Seen in Schottland, Skandinavien und Nordrußland, nach Süden bis zu einer Linie auf der Höhe der südlichen Ostsee, nicht selten.

Prachttaucher

Haubentaucher (Winter)

Ohrentaucher (Winter)

Haubentaucher *Podiceps cristatus* 50 cm

Ein Charaktervogel der meisten nahrungsreichen Seen. Der größte und am wenigsten scheue Lappentaucher, daher leicht zu beobachten. Im Sommer unverkennbar, aber im Winter mit Rothalstaucher zu verwechseln. Hals, Kehle und Wangen sind jedoch immer leuchtend weiß und heben sich gegen die schmale dunkle Kappe ab, die nicht bis zum Auge hinabreicht. Das Haubentaucherpaar führt eine Reihe auffallender Paarungszeremonien aus, am intensivsten zu Beginn der Brutzeit. Meist sieht man das Paar Brust an Brust liegen und mit gesträubtem Kragen marionettenhafte Kopfwendungen ausführen. Ist ferner im Frühjahr recht stimmfreudig und läßt verschiedene laute, knarrende Töne hören, u. a. ein rollendes, reiherartiges „aorr", bei den Zeremonien auch ein wiederholtes, etwas klapperndes „keck-keck-keck ...". Im Spätsommer machen die Jungen oft durch anhaltende pfeifende Bettellaute „wie-wie-wie ..." auf sich aufmerksam. Brütet im Schilf oder zwischen anderen Wasserpflanzen an klaren Gewässern, selten an kleineren Teichen. Die nördlichen Populationen überwintern zum großen Teil an der Küste, an der Ostsee in wechselnder Zahl je nach dem jeweiligen Winterwetter. Lebt hauptsächlich von Fischen, aber auch von anderen kleinen Wassertieren, an der See z. B. von Krebstieren.

Rothalstaucher *Podiceps griseigena* 45 cm

Kleiner und gedrungener als Haubentaucher. Im Sommerkleid leicht kenntlich, u. a. an der sehr auffallenden, „clownhaften" gelben Mundspalte. Hält sich im Winter an der Küste auf, oft ein gutes Stück vom Land entfernt. Unterscheidet sich dann vom Haubentaucher durch Kopfhaltung und gedrungenen grauen Hals (nur Brust, Kinn sowie – in wechselnder Ausdehnung – die Wangen sind weiß) sowie durch gelbe Schnabelwurzel und Mundspalte. Jungvögel mausern spät im Oktober ins Winterkleid. Brütet an vegetationsreichem Süßwasser, sowohl an größeren Schilfseen wie an kleineren Teichen. Führt während der Brutzeit ein versteckteres Leben als der Haubentaucher, verrät sich aber oft durch seine Rufe, u. a. ein sehr lautes, ferkel- oder wasserrattenartig quiekendes „aäk" oder „ua-ehk" sowie andere gackernde und grunzende Laute. Lebt von Fischen, aber in höherem Maße als der Haubentaucher auch von Wasserinsekten.

Haubentaucher

Rothalstaucher

Winter
Haubentaucher
Haubentaucher
juv. (ca. 2 Mon.)
juv. (ca. 2 Mon.)
Rothalstaucher
Winter

Zwergtaucher *Tachybaptus ruficollis* 25 cm

In der Brutzeit heimlich und schwer zu beobachten, verrät sich jedoch durch die Stimme, ein vibrierendes, habichtsähnliches Trillern. Der Stimmfühlungslaut ist ein helles, pfeifendes „wiht-wiht". Zeigt sich in Herbst und Winter auf offenerem Wasser, oft in kleinen Gruppen, aber – anders als die übrigen Lappentaucher – selten auf dem offenen Meer, sondern auf Süßwasserseen und Flüssen, in geschützten Buchten und Häfen. Im Winterkleid ist die gelbbraune Färbung charakteristisch, aber die Silhoutte erinnert etwas an die des Schwarzhalstauchers. Auf der Abbildung in Balz- oder Drohhaltung mit typisch aufgeplustertem Rücken. Jungvögel wie Altvögel im Winter, aber Brust rotbraun, Kopf bis November/Dezember mit dunklen und weißen Streifen und Schnörkeln. Brütet auf Süßwasser, von ganz kleinen Teichen und Flüßchen aufwärts. Lebt in der Brutzeit hauptsächlich von Insekten und kleinen Weichtieren, im Winter auch von kleinen Fischen.

Schwarzhalstaucher *Podiceps nigricollis* 30 cm

Am ehesten mit dem Ohrentaucher zu verwechseln, aber der Gesamteindruck ist ganz anders. Die steile Stirn und der „aufgeworfene" Schnabel zeigen an, daß der Schwarzhalstaucher etwas abseits von den drei nahe verwandten größeren Arten steht. Die hängenden Ohrbüschel wirken „ungepflegt" ölig und struppig. Im Winter- und Jugendkleid ist das Profil das beste Kennzeichen. Der häufigste Laut ist ein quietschendes, knirschendes „iürr-ip". Brütet an nahrungsreichen Seen, oft in kleinen Kolonien und immer im Schutz einer Lachmöwen- oder Seeschwalbenkolonie. Lebt größtenteils von Wasserinsekten, die sogar nach Schwimmentenart „erschnattert" werden. Überwintert oft in manchmal riesigen Scharen auf Seen, Lagunen und Meeresbuchten.

Ohrentaucher *Podiceps auritus* 35 cm

Unterscheidet sich im Sommer vom Schwarzhalstaucher durch den roten Hals (der allerdings von weitem schwarz wirken kann), die üppigeren, feurig rotgelben Federohren und durch sein Profil. Überwintert wie der Rothalstaucher vorwiegend vor der Küste, oft in einiger Entfernung vom Land. Im Winterkleid sind die Unterschiede – die reiner weißen Wangen, der fleischfarbene Zügelstreif mit dem grauen Fleck darüber – mitunter schwer zu sehen, daher sind Profil und Gesamteindruck wichtige Unterscheidungsmerkmale. Brütet wie der Zwergtaucher oft auf kleinen Teichen mit Rohrkolben, Binsen und dergleichen, kommt jedoch auch auf größeren, vegetationsreichen Seen, im Ostseegebiet auch auf dicht zugewachsenen Meeresbuchten vor. Stimmfreudig, auch nachts; am häufigsten hört man ein rollendes, gellendes, aber recht melodisches, kurzgereihtes „hüarr". Am Brutplatz auch mehrere andere, gedehntere Rufe, u. a. ein an die Wasserralle erinnerndes Geschrei. Lebt von Wasserinsekten und anderen Kleintieren wie Schnecken, Kaulquappen usw.

Zwergtaucher

Schwarzhalstaucher

Ohrentaucher

Zwergtaucher
Winter
Winter
Schwarzhalstaucher
juv. Herbst
Ohrentaucher
Winter

Schreitvögel Ordnung Ciconiiformes

Reiher Familie Ardeidae

Graureiher *Ardea cinerea* 100 cm

In ganz Europa verbreitet, in Mittel- und Südeuropa u. U. mit dem kleineren Purpurreiher zu verwechseln. Der Kranich hat ein anderes Flugbild. Im schweren Flug, bei dem die mächtigen Flügel tief nach unten geschlagen werden, wirkt der Graureiher gewaltig. Trotz seiner Größe leicht zu übersehen, wenn er unbeweglich am Schilfsaum, auf dem Feld oder einem Baum steht. Der häufigste Ruf ist ein wiederholtes knarrendes „kraurnk"; am Horst hört man viele ähnlich klingende und andere unharmonische Laute. An Gewässern, aber auch auf Feldern und Wiesen anzutreffen. Brütet lokal in Kolonien in Reisighorsten in Bäumen, seltener im Schilf, an der Atlantikküste z. T. auch auf Klippen. Lebt von Fischen, Kleintieren und Insekten.

Purpurreiher *Ardea purpurea* 80 cm

Wirkt dunkler als Graureiher; Kopf und Hals reptilartig schmal, lang und eckig. Kann im Flug von weitem mit dem Graureiher verwechselt werden, hat aber einen eckigeren „Kehlsack" und längere, stärker gespreizte Hinterzehen. Es dauert mehrere Jahre, bis die Jungvögel voll ausgefärbt sind. Bei den meisten Purpurreihern wirken die Flügeldecken im Flug matt rotbeigebraunlila. Steht seltener ganz frei und wird oft im Schilf oder in anderer dichter Vegetation hochgemacht, wo er sich am liebsten aufhält. Beim Auffliegen ertönt oft der graureiherähnliche, aber weniger hohle, etwas an die Raubseeschwalbe erinnernde Ruf; sonst meist still. Brütet in Kolonien im Schilf. Ernährung wie Graureiher.

Graureiher

Purpurreiher

Graureiher
juv.
Purpurreiher
juv.

Rohrdommel

Zwergdommel *Ixobrychus minutus* 35 cm
In vielen Gegenden häufig. Heimlich, aber weniger schwer zu beobachten als Rohrdommel. Stiehlt sich bei Gefahr am liebsten davon oder nimmt eine Pfahlstellung ein. Hochgemacht fliegt sie oft nur ein kurzes Stück weiter, um ein wenig im Röhricht emporzuklettern und den Störenfried neugierig zu betrachten. Das Männchen ist im Flug unverwechselbar; das Weibchen ist ebenso, aber etwas weniger deutlich gezeichnet. Bei längerem Flug wechseln schnelle, ruckartige Flügelschläge mit Gleitflug; ändert dabei plötzlich Richtung und Flughöhe. Vorwiegend dämmerungs- und nachtaktiv. In froschreichen Biotopen, wo sie sich am liebsten aufhält, geht die quäkende Stimme oft im Froschkonzert unter. Der Balzruf ist ein im Abstand von zwei Sekunden wiederholtes, leise grunzendes „gruk", das an fernes Hundegebell erinnert. Kommt im Schilf oder in anderer dichter Ufervegetation an Seen, breiteren Flüssen und anderen Wasserläufen vor. Lebt von allerlei Kleintieren.

Rohrdommel *Botaurus stellaris* 76 cm
Die Rohrdommel lebt so versteckt in ausgedehnten, dichten Schilfbeständen, daß sie am besten durch ihre auffällige Stimme bekannt ist. Im Frühling, am intensivsten des nachts, hört man die kurzen Nebelhornrufe des Männchens; sie klingen so ähnlich, wie wenn man in den Hals einer leeren Flasche bläst. Die Rufe werden im Abstand von etwa zwei Sekunden in kurzen Reihen wiederholt und sind über 5 km weit zu hören. Im Flug gleicht die Rohrdommel einer Kreuzung zwischen Eule und Reiher, und wenn man sie so zu sehen bekommt, reagiert man vielleicht – wie oft bei bekannten Vögeln, die man selten sieht – zuerst mit Verblüffung, erst nach einer Weile mit einem Gefühl der Selbstverständlichkeit. Wenn sie niedrig über dem Schilf fliegt, ist der Hals nicht selten halb ausgestreckt, aber bei längerem Flug wird er eingezogen. Der Flugruf ist ein kurzes, graureiherähnliches „aurr". Bei Annäherung nimmt sie Pfahlstellung ein. Lebt von Fischen, Fröschen und anderen Kleintieren.

Zwergdommel

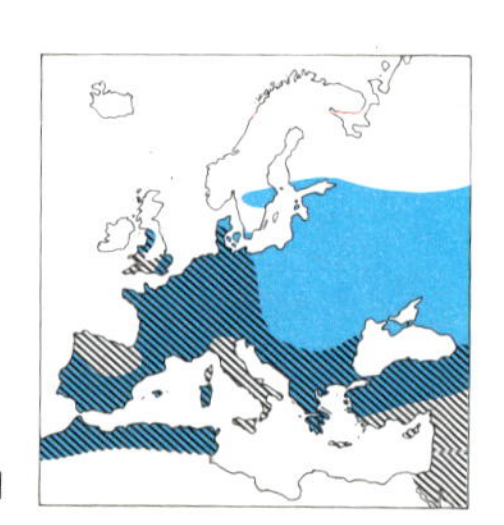
Rohrdommel

Zwergdommel
♂
juv.
♀
Rohrdommel

Störche Familie Ciconiidae

Weißstorch *Ciconia ciconia* 102 cm
Hat seit Ende des 19. Jahrhunderts in West- und Nordeuropa stark abgenommen und ist in vielen Gebieten ganz verschwunden. Trockenlegung von Feuchtgebieten, Verdrahtung der Landschaft, Verwendung von Gift in der Landwirtschaft sowie Bejagung im Durchzugsgebiet, möglicherweise auch Klimaänderungen sind die wichtigsten Ursachen für den Rückgang. In Osteuropa jedoch in der offenen Kulturlandschaft immer noch häufig. Ernährt sich von allerlei Kleintieren wie Fröschen, Schlangen, Fischen, Nagern, Würmern, Jungvögeln usw. Spaziert oft gravitätisch in Sümpfen mit niederem Bewuchs, an Grabenrändern und auf Wiesen. Brütet in großen Reisighorsten in Bäumen und auf eigens errichteten Unterlagen auf Dächern, Telefonmasten usw. Klappert bei Begegnungen mit Artgenossen laut mit dem Schnabel. Die westeuropäischen und nordafrikanischen Störche überwintern in der Savanne Westafrikas, die osteuropäischen in Ost- und Südafrika. Beim Zug kommt es zu starken Verdichtungen über der Meerenge von Gibraltar und dem Bosporus.

Schwarzstorch *Ciconia nigra* 97 cm
Wie der Weißstorch leicht zu erkennen. Brütet in ungestörten alten Wäldern, sucht seine Nahrung aber auch in angrenzenden Sümpfen und auf nassen Wiesen, in Osteuropa oft zusammen mit Weißstörchen. Läßt am Horst u. a. ein leises Pfeifen hören; soll auch klappern. Nach starkem Rückgang ist in jüngster Zeit in manchen Gebieten wieder eine Ausbreitung festzustellen. Wird am häufigsten auf dem Zug beobachtet. Zieht oft in Familien, in der Regel etwa einen Monat später als der Weißstorch. Ernährung wie bei diesem.

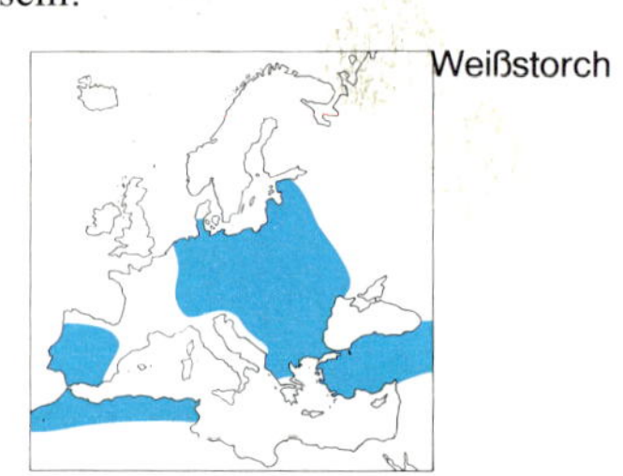

Weißstorch

Schwarzstorch

Weißstorch
Schwarzstorch
Weißstorch

Entenvögel Ordnung Anseriformes

Allen Entenvögeln gemeinsam ist die Anpassung an das Schwimmen und an die Nahrungssuche im Wasser. Sie haben mit Schwimmhäuten versehene Füße, einen langen Hals, einen flachen Rumpf mit dichtem, stark wasserabstoßendem Gefieder und darunter eine dicke Schicht Dunen usw.; sie mausern die Schwungfedern einmal im Jahr, und diese fallen in der Regel so schnell hintereinander aus, daß der Vogel während kurzer Zeit im Sommer und Frühherbst flugunfähig ist. Die Jungen tragen ein Dunenkleid, können kurz nach dem Schlüpfen schwimmen und suchen ihre Nahrung selbst. Man kann die Entenvögel einteilen in:

Schwäne *(Cygnini)* und **Gänse** *(Anserini)*, beide zur Unterfamilie *Anserinae* gehörig;
Schwimmenten *(Anatini)*: kommen hauptsächlich an seichtem, nahrungsreichem Süß- und Brackwasser, im Winter jedoch vielfach auch am Meer vor. Sie weiden Wasserpflanzen ab, indem sie in seichtem Wasser gründeln, Kleintiere und Sämereien „schnatternd" aus den oberen Wasserschichten herausfiltern. Sie fliegen fast senkrecht von der Wasseroberfläche auf. Weibchen, Jungvögel und Männchen im Ruhekleid sind sich oft äußerst ähnlich. Flügelspiegel, Gestalt und Größe, Zeichnung und Färbung von Kopf und Schnabel sowie die Stimme sind oft wichtige Bestimmungsmerkmale. Wenn der Spiegel verborgen bleibt, ist es wichtig zu wissen, wie sich die Arten in Gestalt, Haltung und Zeichnung unterscheiden. Die Nahrung besteht bei den verschiedenen Arten in wechselndem Verhältnis aus Pflanzen und Kleintieren.
Tauchenten *(Aythyinae)* und **Meerenten** *(Mergini)* suchen ihre Nahrung hauptsächlich durch Tauchen unter Wasser und nehmen beim Auffliegen erst unter Flügelschlagen auf der Wasseroberfläche Anlauf.
Tauchenten brüten hauptsächlich an Süßwasser, überwintern aber häufig am Meer. Unterscheiden sich von Schwimmenten generell durch spitz dreieckiges Profil und kürzeren Rumpf. Außer den hier behandelten Arten brütet in Europa ferner die Bergente *(Aythya marila)* an skandinavischen Gebirgsseen und an der Ostsee. Sie erinnert an die Reiherente; im Winter sieht man beide Arten oft zusammen vor der Küste und auf nahegelegenen Süßwasserseen. Der Bergerpel hat jedoch einen graugewellten Rücken und keinen Zopf; die Ente hat einen ausgedehnten weißen Fleck um die Schnabelwurzel. Bei den verschiedenen Tauchenten ist die Flügelzeichnung oft ähnlich; daher sind die Unterschiede in Gestalt und Färbung die wichtigsten Feldkennzeichen. Bei Berg- und Reiherente bilden Wassertiere einen wichtigen Bestandteil der Nahrung, während die übrigen Arten sich hauptsächlich von Pflanzen ernähren.
Meerenten kommen fast ausschließlich am Meer und auf den Gebirgsseen des Nordens vor. Zu ihnen gehören auch die Schellente und die Spatelente *(Bucephala islandica)*, die Standvogel auf Island ist; ferner die Säger, die mit ihrem langen, schmalen, gezähnten Schnabel auf den Fang lebender Fische spezialisiert sind. Es gibt drei Arten, von denen der Mittelsäger *(Mergus serrator)* hauptsächlich ein Vogel der nordischen Gebirgseen und der Küste ist, jedoch auch an größeren sauberen Süßwasserseen vorkommt. Er erinnert an den Gänsesäger, aber das Männchen hat eine rotbraune Brust und eine struppigere Haube. Das Weibchen unterscheidet sich von dem des Gänsesägers außer durch die struppigere Haube durch den allmählicheren Übergang zwischen Kopf- und Halsfärbung.

Frühherbst: oben Pfeifenten im Ruhekleid, Mitte zwei Stockenten und ein mausernder Stockerpel, unten Krickenten und eine junge Knäkente (ganz rechts).

Singschwan *Cygnus cygnus* 152 cm

Unterscheidet sich vom Höckerschwan durch die gelbe Wachshaut, den weniger gebogenen Hals und durch die Stimme. Die Jungvögel sind grauer und gleichmäßiger gefärbt als junge Höckerschwäne; der blaßrosa Schnabel hebt sich hell vom dunklen Kopf ab (beim Höckerschwan umgekehrt). Die Stimme ist ein weittragendes, klangvolles Trompeten; die Trompetenstöße sind im Flug kürzer, bei der Rast melodischer und gedehnter „singend". Der Zwergschwan (*Cygnus columbianus bewickii)* ist kleiner und hat weniger Gelb am Schnabel. Er brütet in der sibirischen Tundra und überwintert in Nordwesteuropa in der Nähe der Küste, rastet aber selten auf Binnengewässern. Der Singschwan brütet auf Moor- und Tundraseen und überwintert auf Binnenseen und an der Küste. Zieht in Verbänden und rastet oft zu regelmäßig eingehaltenen Zeiten im Herbst und Frühjahr auf größeren Seen und Flüssen im Flachland. Lebt von Wasserpflanzen, aber auch von Gräsern, die er auf Strandwiesen abweidet.

Höckerschwan *Cygnus olor* 152 cm

Einer unserer bekanntesten Vögel. Jungvögel unterscheiden sich von Singschwänen durch Schnabelzeichnung und braunere Färbung. Die meisten Jungvögel mausern im Herbst und werden dann recht scheckig. Daran kann man sie von weitem erkennen, da junge Singschwäne bis zum Dezember hin stets einfarbig grau sind. Im Flug erzeugen die Flügel einen „schwingenden" Klang, der dem Singschwan fehlt. Wird vielfach als Parkvogel gehalten und ist in weiten Gebieten Nordwest- und Mitteleuropas verwildert. Brütet vorzugsweise an Süßwasser mit reichem Bewuchs, besiedelt aber zunehmend auch die Küsten und Schären der Ostsee. Zieht nicht regelmäßig. Lebt von Wasserpflanzen, die er vom Grunde abweidet, und von Kleintieren.

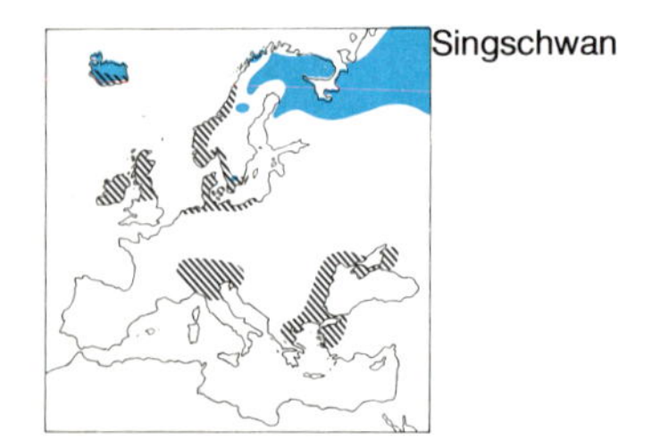
Singschwan

Höckerschwan

juv.
Singschwan
Höckerschwan
juv.

Kanadagans *Branta canadensis* 92 – 102 cm

Stammt ursprünglich aus Kanada; auf den Britischen Inseln und in Schweden eingeführt und verwildert, manchmal wenig scheu. Brütet an der Küste, auf Binnenseen und Mooren. Stimme ein laut trompetendes „aa-hua", mit Steigton auf der zweiten Silbe.

Graugans *Anser anser* 75 – 89 cm

Die (mit Ausnahme der Kanadagans) einzige Gänseart, die in unserem Gebiet außerhalb der Gebirge und Wälder des hohen Nordens brütet. Die auffallenden hellgrauen Flügeldecken, der kräftige, rosa-orangefarbene Schnabel und die ebenso gefärbten Füße unterscheiden sie von anderen Gänsen. Die Graugänse Südosteuropas sind heller als die westlichen, und der Schnabel ist mehr rosa. Stimme wie die der Hausgans. Brütet in Mooren, auf Schilfseen und auf Inseln vor der Küste. Im Juni sammeln sich oft große Scharen an bestimmten Mauserplätzen. Ernährt sich hauptsächlich vegetarisch und weidet oft auf kurzrasigen Wiesen und auf Feldern. Die im hohen Norden brütenden Gänsearten, die in Europa überwintern, werden alle in unterschiedlichem Ausmaß auf Wiesen, Feldern und an Süßwasser angetroffen. Dies gilt besonders für die Saatgans, aber auch Kurzschnabel- und Bleßgans rasten weit von der Küste entfernt.

Saatgans *Anser fabalis* 71 – 89 cm

Schnabel- und Fußfarbe, dunklerer Hals und Kopf sowie im Flug weniger hellgraue Flügelfärbung unterscheiden sie von der Graugans. Die Kurzschnabelgans *(A. brachyrhynchus)*, 61 – 71 cm, ist oberseits hell wie die Graugans, und die Flanken sind der dunkelste Teil des Rumpfes. Sie ist gedrungener, kurzhalsiger und hat ein kürzeres Profil; Füße und Schnabel sind rosa. Sie ist ferner stimmfreudiger als die Saatgans, und ihre Stimme klingt heller. Die Bleßgans *(A. albifrons)*, 66 – 76 cm, hat einen einfarbig rosa bzw. orangefarbenen Schnabel; Altvögel haben eine breite Blesse, und ihr Bauch ist unregelmäßig schwarz quergebändert. Ihre Stimme ist höher als die der Saatgans, ein etwas vibrierendes „kai-lü". Die Stimme der Saatgans, ein zwei- bis dreisilbiges „kajak" oder „kaja-kak", ist melodischer als die der Graugans. Überwintert oft in großen Scharen, die in Keilformation fliegen.

Kanadagans

Saatgans

Graugans

juv.
Bleßgans
Kanadagans
Graugans
Saatgans
Kurzschnabelgans

Schwimmenten Unterfamilie Anatini

Stockente *Anas platyrhynchos* 51 – 62 cm

Die zahlreichste und verbreitetste Schwimmente. Erpel im Prachtkleid unverkennbar, im Ruhekleid u. a. durch einfarbig grüngelben Schnabel von der Ente unterschieden. Weibchen variieren beträchtlich in Farbe und Zeichnung; im Ruhekleid ist der Gesamteindruck dunkler. Schnabelfarbe gelb-rotorange mit dunkler Zeichnung auf dem inneren Teil des Schnabelfirstes, meist als unregelmäßiges Band über die Mitte; manchmal einfarbig dunkelgrau. Stimme der Ente laut quäkend, in Klang und Silbenzahl je nach Stimmung wechselnd, bei Beunruhigung schrill und durchdringend; die des Erpels ein leises, nasales, etwas froschartiges „wärp", bei der Balz im Spätherbst ein leises Pfeifen „pjü". Die Stockente brütet an Süßwasser aller Art; erscheint oft ganz furchtlos auf Parkteichen und an Fütterungen. Im Winter auch in größeren Scharen an der Küste. Ernährung sehr abwechslungsreich, Sämereien, Früchte, Pflanzen, Insekten und andere kleine Wassertiere. Sucht auch weitab vom Wasser auf dem Land Nahrung.

Schnatterente *Anas strepera* 51 – 56 cm

Etwas kleiner und schlanker als Stockente. In allen Kleidern am weißen Flügelspiegel zu erkennen (vgl. jedoch Pfeifente). Auf dem Wasser ist das schwarze „Heck" des Erpels im Prachtkleid kennzeichnend; bei Vögeln in anderen Kleidern das Farbmuster des Schnabels, ein gelborangefarbenes Band am unteren Rand. Im Flug ist der wie bei der Pfeifente weiße Bauch typisch. Recht stimmfreudig. Stimme der Ente von der der Stockente durch etwas höheren und schrilleren Klang sowie durch gleichmäßigere „Aussprache" zu unterscheiden; warnt am Brutplatz sehr anhaltend mit mechanisch wiederholtem „ähk". Der Erpel ruft tiefer, knarrender „errp", etwas an den Ruf des Knäkerpels erinnernd. Kommt an Süß- und Brackwasser mit reicher Ufervegetation – nicht unbedingt Schilf – vor. Hält sich gern auf kleinen Teichen und überschwemmten Strandwiesen auf, verlangt aber offene Wasserflächen in der Nähe des Brutplatzes. Ernährung wie Stockente.

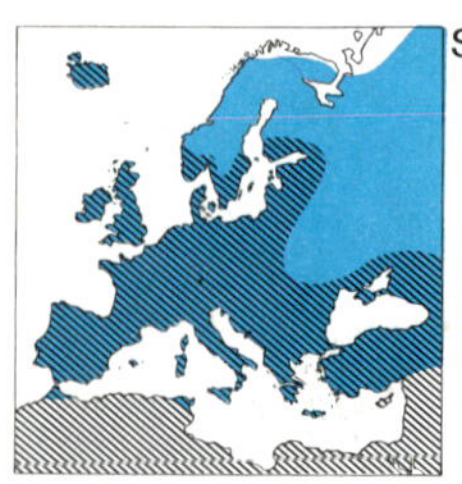
Stockente

Schnatterente

♂ Ruhekleid
♂
Stockente
♀
juv.
Schnatterente
♀
♂

Spießente ♀ Löffelente ♀

Spießente *Anas acuta* ♂ 61 – 67 cm, ♀ 51 – 57 cm

Erpel unverkennbar, Ente oft allein am langen Hals und Schwanz leicht zu erkennen. Weibchen und Jungvögeln verleiht der runde Kopf einen „sanften Gesichtsausdruck", der ebenso kennzeichnend ist wie die gleichmäßige Färbung und der weich bleigraue Schnabel. Jungvögel haben oft einen zimtbraunen Kopf, was von weitem gut zu sehen ist. Im Flug fallen die Gestalt und der breite helle Hinterrand des Spiegels am stärksten auf. Gewöhnlich schweigsam; der Erpel läßt ein fast krickentenähnliches melodisches „krllü" hören, die Ente verfügt über ein stockentenähnliches, aber leiseres Quaken und ein pfeifentenähnliches leises Knarren. Brütet gewöhnlich an Ufern mit weniger dichter Vegetation, selten an schilfreichen Flachlandseen, und immer in geringer Zahl. Überwintert meist an der Küste, oft zusammen mit anderen Schwimmenten. Ernährung wie Stockente, aber mehr vegetarisch.

Löffelente *Anas clypeata* 51 cm

Die eigenartige Schnabelform verleiht ihr ein auffallendes, charakteristisches Profil, sowohl in der vornüber geneigten Haltung auf dem Wasser wie beim schnellen Flug. Meist – bei Jungvögeln allerdings nicht immer – fallen im Flug die blaugrauen bis grünlichgrauen (juv.) Flügeldecken auf. Oft scheu und heimlich. An Frühlingsabenden sieht man Löffelenten häufig paarweise oder in kleinen, dichtgeschlossenen Gruppen mit großer Geschwindigkeit über dem Brutgewässer Balzflüge ausführen, wobei sie sich plötzlich von einer Seite auf die andere werfen. Der Erpel läßt dabei ein zweifaches, kurz abgehacktes „wack-ack", die Ente ein mehr stockentenähnliches, gedehntes „wääk-ääk" hören. Kommt an nahrungsreichen Flachlandseen und auf sumpfigen und überschwemmten Wiesen, im Ostseeraum auch an der Küste vor. Die Nahrung besteht hauptsächlich aus Kleinplankton, Krebstieren, Insekten und Sämereien, die mit dem großen, mit Lamellen versehenen Schnabel aus dem Wasser geseiht werden.

Spießente

Löffelente

juv.
♀
Spießente
♂
♀
♂ Ruhekleid
Löffelente ♂

♀ Krickente

♀ ♀ Knäkente

Krickente *Anas crecca* 35 – 39 cm

Unsere kleinste Ente. Weibchen im Prachtkleid oft ohne besondere Kennzeichen. Manche von diesen, beide Geschlechter im Ruhekleid sowie Jungvögel haben drei Merkmale: orangefarbene Mundwinkel, dunkleren, an Pfeiferpel im Ruhekleid erinnernden Oberkopf und helle Färbung der hinteren Körperseiten vor der Schwanzwurzel. Im Flug sind die beiden weißen Binden des Spiegels charakteristisch; beim Erpel ist die innere mehr ein länglicher Fleck. Bewegt sich für eine Ente auffallend leicht, oft etwas nervös und ruckweise, hebt sich sehr leicht, fast wie ein Wassertreter, vom Wasser ab und „landet“ wieder ebenso. Balzpfiff des Erpels ein kurzes, glockenhell klingendes „krrip“ oder „krück“, ähnlich wie eine Grille. Die Ente läßt ein helles, gellendes Quaken hören, beim Auffliegen auch ein leises, schnarrendes „trrr“. Rastet of in Scharen auf Flachlandseen, Lagunen und Brackwasser an der Küste; brütet auch dort, großenteils jedoch auf kleinen Wald- und Bergseen. Sämereien bilden einen großen Teil der Nahrung; daneben Pflanzen und Kleintiere.

Knäkente *Anas querquedula* 40 cm

Kann mit der Krickente verwechselt werden, liegt aber vorn tiefer im Wasser, wobei Schwanz und Flügel schräg aufwärts zeigen. Der Schnabel ist kräftiger, der Kopf länglicher und bei weibchenfarbigen Vögeln deutlicher gestreift. Im Flug sind die Flügel beim Erpel hell blaugrau, beim Weibchen und Jungvogel dunkler, aber immer heller als bei der Krickente. Die Stimme des Erpels ist unverwechselbar, ein tonloses Knarren, wie wenn man mit dem Nagel über einen Kamm fährt. Die Ente äußert ein krickentenähnliches Quaken. Die Knäkente ist scheu und heimlich und tritt außerhalb des Überwinterungsgebietes selten zahlreich auf. Sie liebt nahrungsreiche, von Sumpfwiesen umgebene Seen und kleine Tümpel und rastet auf dem Zug oft an ganz kleinen Feuchtstellen in offener Landschaft. Überwintert in der Hauptsache südlich der Sahara; lebt bei uns von März/April bis August/September. Ernährt sich von Sämereien, Pflanzenteilen und Kleintieren.

Krickente

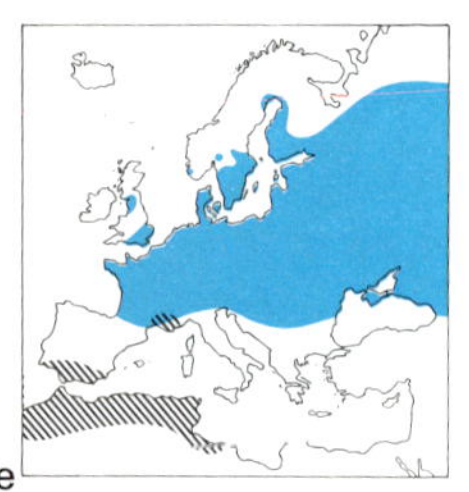

Knäkente

♂
Krickente
♀
juv.
♀
Knäkente
♂
♂ im Ruhe-
kleid

Pfeifente ♀ Kolbenente ♀

Pfeifente *Anas penelope* 44 – 50 cm

Unterscheidet sich von den übrigen Schwimmenten durch mehr tauchentenähnliche Gestalt. Als Brutvogel am häufigsten auf von Mooren und Sumpfwiesen umgebenen Waldseen des Nordens. Rastet auf dem Frühjahrszug vor allem an der Küste; von Mitte August an und später sieht man jedoch häufig auf nahrungsreichen Flachlandseen große Scharen, die sich dicht gedrängt wie Bleßhühner von Pflanzen der Wasseroberfläche ernähren. Die Färbung variiert bei den Vögeln in den herbstlichen Ansammlungen beträchtlich, vom mattbraunen Gefieder der jungen Weibchen bis zum tief weinroten Ruhekleid der alten Erpel. Diese erkennt man im Flug am leuchtend weißen Flügelfeld. Charakteristisches Flugbild mit weißem Bauch, spitzem Schwanz, langen Flügeln und rundem Kopf. Der Erpel pfeift melodisch „hüi-uu", die Ente schnarrt ähnlich wie die Schellente „uarr, uarr, uarr . . .". Lebt hauptsächlich von Pflanzen, vor allem von Gras, das sie auf den Uferwiesen abweidet, worauf der kurze, stumpfe Schnabel hinweist.

Kolbenente *Netta rufina* 55 – 59 cm

So groß wie eine Stockente. Der rote Schnabel des Erpels ist ebenso auffällig wie die Scheitelfedern, die je nach der Stimmung gesträubt oder angelegt werden. Im Ruhekleid ist der Erpel der Ente ähnlicher, einfarbig graubraun mit hellgrauen Wangen, aber noch einem struppigen Rest der fuchsroten Haube und rotem Schnabel. Sieht im Flug sehr groß aus mit breiter, leuchtend weißer Flügelbinde. Die häufigste Lautäußerung ist ein kurzes, mechanisches, schnell klapperndes „err". Während er der Ente den Hof macht, äußert der Erpel ein im Ton ähnliches „at-schu", das wie ein Niesen klingt. Vollführt am Brutplatz einen typischen Balzflug, bei dem mehrere Erpel in großer Höhe eine Ente jagen. Kommt in Europa lokal und unregelmäßig auf seichten, abgeschlossenen Meeresbuchten, Salinen, Flachseen und im Delta großer Flüsse mit reicher Vegetation vor. Ernährungsverhalten mehr wie Schwimmenten, gründelt und „schnattert", taucht aber auch nach Pflanzen und Sämereien.

Pfeifente

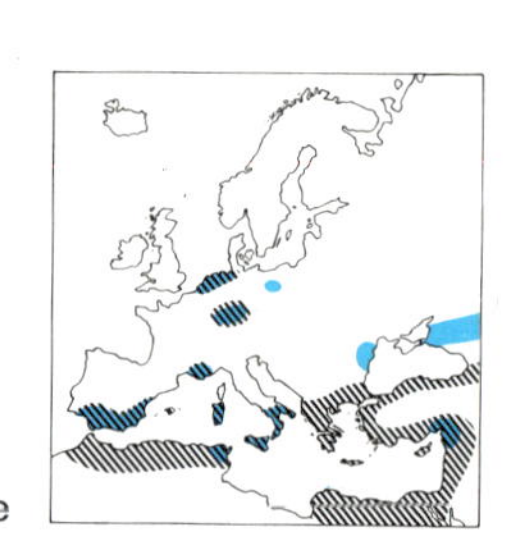

Kolbenente

♂
♀
Pfeifente
♂ im Ruhekleid
♀
Kolbenente ♂

Tafelente ♀ Reiherente ♀ Moorente ♀

Tauchenten Unterfamilie Aythyini

Tafelente *Aythya ferina* 44 – 47 cm
Erpel unverkennbar. Weibchen nichtssagend, aber Kopf- und Schnabelform charakteristisch, ebenso die helle Kopfzeichnung von wechselnder Ausdehnung, die den jungen weibchenfarbigen Erpeln fehlt. Im Flug unterscheiden sich beide Geschlechter von den übrigen Enten der Gattung durch graue statt weiße Flügelbinde. Die Ente äußerst ein grobes, schnarrendes „krra, krra, krra ...“, der Erpel bei der Balz ein leises, pfeifendes „pü, pü, pü ...“ und ein mechanisches „eäitsch-tschong“. Brütet an Seen mit größeren, offenen Wasserflächen. Erpel bedeutend zahlreicher als Enten. Nahrung überwiegend pflanzlich, aber auch kleine Wassertiere.

Reiherente *Aythya fuligula* 41 – 46 cm
Einzige Ente mit „Zopf“. Weibchenfarbige Vögel variieren beträchtlich und haben nicht selten weiße Unterschwanzdecken und/oder einen weißen Ring um die Schnabelwurzel. Kopf viereckig bis rund mit kräftigem, löffelstielförmigem Schnabel. Die Ente ruft giftig schnarrend „err, err, err ...“, der Erpel pfeift weich vibrierend wie eine Maus. Brütet an stehenden Binnengewässern mit größeren offenen Stellen und an den Küsten der Ostsee. Tritt im Winter oft in großen Scharen auf Flachlandseen sowie in Häfen und auf brackigen Gewässern am Meer auf. Nahrung Kleintiere, Sämereien und Pflanzen, wobei der tierische Anteil überwiegt.

Moorente *Aythya nyroca* 36 – 42 cm
Kleiner und dickköpfiger als Reiherente mit charakteristischer langer „Stirn“ und „Nase“. Im Flug stechen der weiße Bauch und die weißen Unterschwanzdecken hervor; diese Gefiederteile sind jedoch bei Jungvögeln graubeige und fallen kaum, bei Weibchen im Ruhekleid nur wenig auf. Weiße Flügelbinde sehr auffällig. Ente im Frühjahr sehr stimmfreudig, ruft im Flug „err, err, err ...“ ähnlich wie Reiherente, aber eine Spur höher. Der Erpel läßt ein leises Zischen hören. Ziemlich häufig auf Flachlandseen mit reicher Ufervegetation. Heimlich, liegt selten wie die übrigen Tauchenten auf dem offenen Wasser. Die Nahrung besteht aus Sämereien, Pflanzen und kleinen Wassertieren.

Tafelente

Reiherente

Moorente

Tafelente
♂
♀
♂
♀
Reiherente
♀
juv.
♀
Moorente
♂

Schellente *Bucephala clangula* 40 – 49 cm
Ente im Prachtkleid grau mit rundlichem, dickem, rotbraunem Kopf auf weißem Hals. Jungvögel recht nichtssagend graubraun mit ganz dunklem Schnabel und dunklen Augen. Die Schwingen des Erpels erzeugen beim Fliegen ein typisches Klingeln. Bei der Balz äußert er ein lautes, schnelles „we-weäck“ (wie ein mit überhöhter Geschwindigkeit abgespieltes Schwimmentenquaken), gefolgt von einem knäkerpelartigen Knarren. Die Ente läßt ein schnelles, schnarrendes „berr, berr, berr“ hören. Brütet in Schwarzspechthöhlen und Nistkästen in der Nähe klarer Waldseen, gern auch an schnellfließenden Flüssen und Stromschnellen. Außerhalb der Brutzeit in kleinen Schofen oder einzeln auf Seen und Flüssen im Tiefland und an der Küste. Lebt von Schnecken, Muscheln und Insektenlarven, sowie von Sämereien.

Meerenten Unterfamilie Mergini

Zwergsäger *Mergus albellus* 38 – 46 cm
Brutbiologie wie Schellente, mit der er Bastarde erzeugt. Als Wintergast einzeln oder in kleinen, locker zusammenhaltenden Verbänden auf offenen Binnenseen, Fjorden, Meeresbuchten und an anderen Stellen, wo sich überwinternde Enten sammeln. Im Flug ein echter Säger mit langem Hals und schnellem Flügelschlag. Beim Weibchen sind die weißen Wangen sehr auffällig. Das Männchen legt sein Prachtkleid erst im November an. Es kann im Flug von weitem mit einer Gryllteiste im Winterkleid verwechselt werden. Ernährt sich vorwiegend von Fischen.

Gänsesäger *Mergus merganser* 58 – 72 cm
Unsere größte Süßwasserente. Kann mit Mittelsäger verwechselt werden. Zeigt im Spätherbst und Winter in wechselndem Ausmaß schön apfelsineneisfarbene Unterseite, die jedoch im Frühjahr ausbleicht. Männchen im Ruhekleid und Jungvögel wie Weibchen, aber mit weniger üppigem Schopf. Das Weibchen ruft laut rollend „skrrak, skrrak, skrrak . . .“; der Frühlingsruf des Männchens ist ein schöner, klingender Doppelton, im Klang wie ein entfernter Kranichruf. Brütet in Baumhöhlen und Nistkästen an sauberen Binnenseen und an der Ostseeküste. Im Winter sowohl auf Binnenseen wie an der Küste, oft in größeren Scharen. Ernährt sich von Fischen.

Schellente

Zwergsäger

Gänsesäger

Schellente
♀
♂
Zwergsäger
♂
♀
♀
Gänse-
säger
♂

Schnatterente
♂
♀ juv.
♀ juv.
♀
Löffelente
♂
♀
Stockente
♂
Spießente
juv.
Pfeifente
♀
♀ juv.

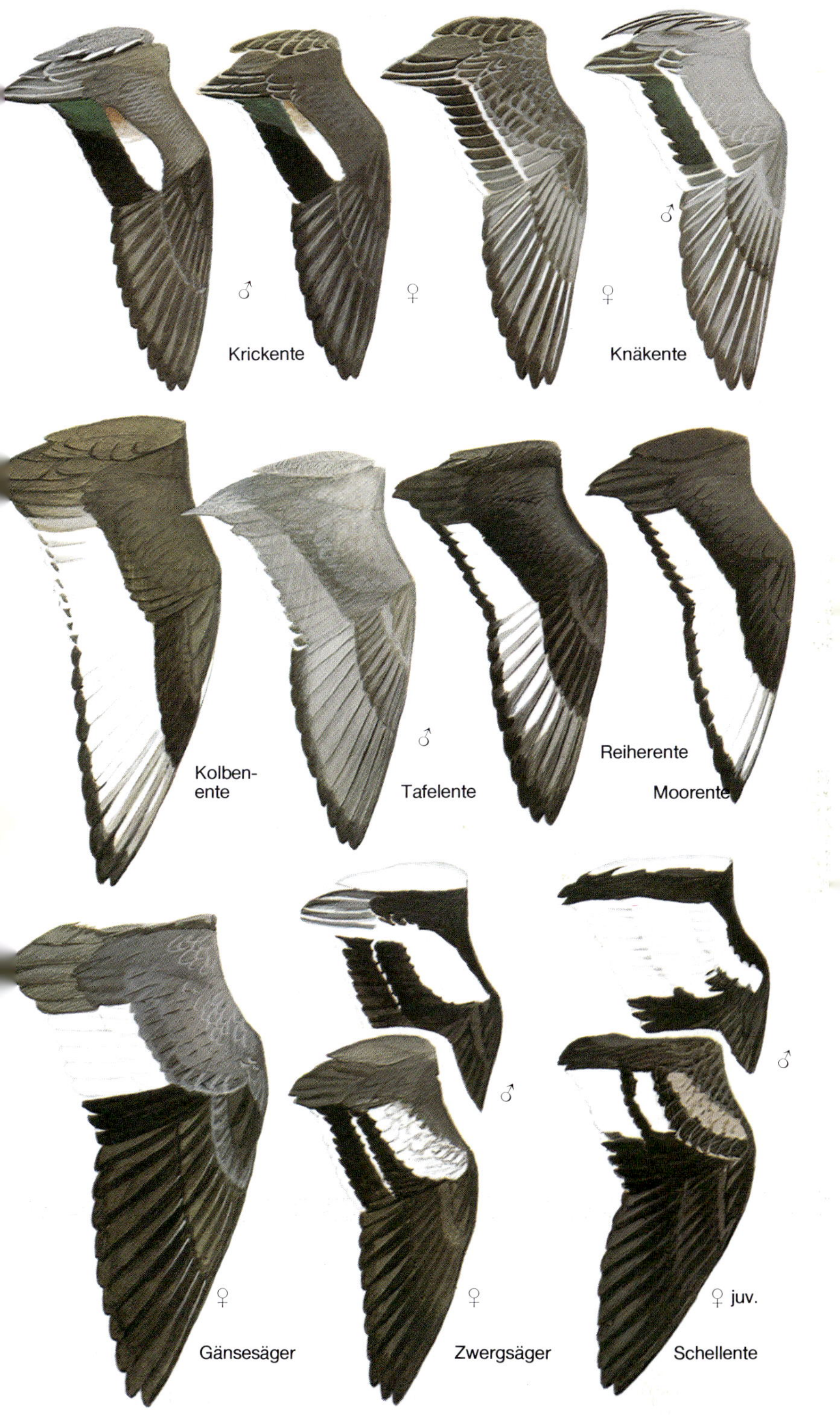
♂
♀
Krickente
♀
♂
Knäkente
Kolben-
ente
♂
Tafelente
Reiherente
Moorente
♂
♂
♀
Gänsesäger
♀
Zwergsäger
♀ juv.
Schellente

Greifvögel Ordnung Falconiformes

Für die Greifvögel kennzeichnend ist die Spezialisierung auf das Fangen und Verzehren lebender Beute – gutes Flugvermögen, kräftige Füße und Zehen sowie ein krummer Schnabel. Man teilt sie in zwei Familien, von denen die einen die **Falken** *(Falconidae)*, die andere alle übrigen Arten *(Accipitridae)* umfaßt. Wegen ihres guten Flugvermögens und ihrer besonderen Ernährungsbiologie sind Greifvögel im Flug oder auf der Jagd über den unterschiedlichsten Biotopen anzutreffen. Die für Seen, Sümpfe und Feuchtgebiete bezeichnendsten Arten sind Fischadler, Schwarzmilan, Weihen und die Insektenjäger Rotfuß- und Baumfalke. Schwarzmilan, die drei „grauen" Weihen, Rotfuß-, Baum- und Turmfalke kommen auch in trockeneren Moor-, Heide- und Ackerbaugebieten vor. Diese werden auch von mehreren anderen im Wald oder im Norden brütenden Arten besucht. Die häufigste von diesen ist der Mäusebussard *(Buteo buteo)*, 62 – 74 cm, der oft in abwechslungsreicher Kulturlandschaft mit Wäldern und Feldgehölzen vorkommt. Bei der Feldbestimmung der Greifvögel spielen Flugbild, Bewegungen und allgemeines Verhalten eine wichtige Rolle; so sind die Weihen durch die V-Stellung der Flügel, die Falken durch spitze Flügel gekennzeichnet usw.

Mäusebussard

Fischadler

Fischadler *Pandion haliaetus* 55 – 69 cm, Sp 145 – 160 cm
Weibchen und Jungvögel mit kräftigerem braunbeigem Halsband als Männchen. Lebt fast ausschließlich von Fischen, die durch Stoßtauchen in offenem Wasser erbeutet werden. Jagt daher nur über Gewässern. Verhalten von dem aller übrigen Greifvögel völlig verschieden. Fliegt mit flachen, leichten Flügelschlägen, gleitet auf gewinkelten Flügeln über dem Wasser und kreist ein paarmal wie eine große Möwe, richtet sich auf und rüttelt eine Zeitlang, gleitet weiter usf. Wenn er beim Rütteln einen geeigneten Fisch erspäht, läßt er sich stufenweise hinunter und stößt dann mit ungeheurem Schwung zu, wobei er oft ganz unter die Wasseroberfläche eintaucht. Brütet in einem großen Reisighorst auf dem Wipfel einer hohen Kiefer, oft weit vom Wasser. Stimmfühlungslaut ein lautes, staccato „pjüpp", am Horst ein wiederholtes „pjü, pjü, pjü . . ." und ein gedehntes Wimmern. Überwintert im Mittelmeerraum und im tropischen Afrika; kehrt schon beim Aufbrechen des Eises zu den Brutplätzen zurück.

Schwarzmilan *Milvus migrans* 56 – 62 cm, Sp 120 – 145 cm

Ein großer, dunkler Greifvogel von harmonischer Gestalt. Unterscheidet sich von der weiblichen Rohrweihe durch stämmigeren Körperbau, schwach gegabelten Schwanz, waagerechte oder leicht hängende Flügelhaltung und durch eine von den hellen Flügeldecken gebildete helle diagonale Flügelbinde. Sucht langsam und geduldig Flußufer und Sumpfgebiete ab. Segelt gern auf schwach gewölbten Flügeln, wobei er mit dem Schwanz steuert, und legt nur widerwillig einzelne Reihen langsamer, tiefer Flügelschläge ein. Die häufigste Lautäußerung ist ein jungmöwenähnliches Geschrei, das bei Erregung im Staccato gedehnt wird, sowie ein bussardähnliches Miauen. Weitverbreitet und gesellig, brütet aber außerhalb der Mittelmeerländer nirgendwo zahlreich. Brütet in Reisighorsten in dichten Wäldern, wird aber in Ackerbau-, Sumpf- und Seelandschaften aller Art angetroffen. Allesfresser.

Rohrweihe *Circus aeruginosus* 48 – 55 cm, Sp 110 – 125 cm

Im Flug leicht als Weihe zu erkennen an den langen, schmalen, V-förmig gestellten Flügeln und am papierschwalbenartig leichten, dabei doch manchmal schwerfällig wirkenden Flug. Unterscheidet sich von den anderen Weihen durch Größe und Färbung. Jungvögel sind einheitlich schokoladenbraun mit ockergelber Kopfzeichnung. Das Männchen bildet die hellen Gefiederteile nach und nach im Verlauf von mindestens drei Jahren aus; es brütet im Alter von zwei Jahren, wenn die grauen Handschwingen noch wenig hervortreten. Fliegt oft niedrig „hängend" über dem Schilfmeer hin und her. Das Männchen vollführt einen Balzflug in großer Höhe und läßt dabei einzelne an Kiebitz erinnernde „quea"-Rufe hören. Das Weibchen bettelt ebenso wie die flüggen Jungen mit gedehnten, jammernden, hohen Pfiffen „piiviiü". An größere Schilfbestände gebunden, jagt aber manchmal auch über angrenzendem Feucht- und Wiesenland. Hat im Westen stark abgenommen, ist aber im Norden und Osten in geeigneten Biotopen verbreitet; auf dem Zug stellenweise zahlreich. Lebt von allerlei Kleintieren und Vögeln.

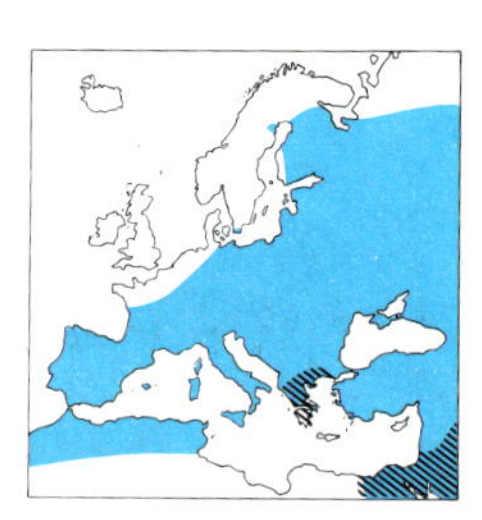

Schwarzmilan

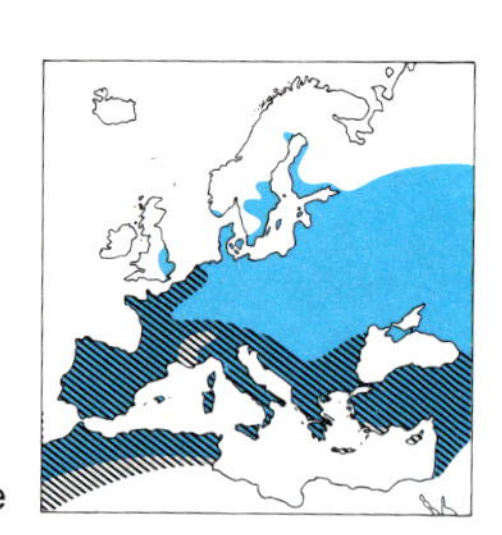

Rohrweihe

Rohrweihe juv.

juv.
Schwarzmilan
♀
Rohrweihe
♂

Kornweihe *Circus cyaneus* 43 – 50 cm, Sp 100 – 120 cm

Kräftiger gebaut als Steppen- und Wiesenweihe, hat aber wie diese einen leichten, papierschwalbenartig segelnden Flug, wobei die Flügel meist V-förmig erhoben sind. Im Flug fällt das dunklere Grau von Kopf und Brust des Männchens auf. Jungvögel sind adulten Weibchen sehr ähnlich, haben aber eine deutlichere helle Halskrause. Weibchenfarbige Vögel unterscheiden sich von Steppen- und Wiesenweihenweibchen durch schwereren Flug und stumpfere Flügel und haben durchweg auch einen deutlicheren weißen Bürzel. Segelt oft gemächlich und schwankend über dem Jagdrevier und stößt sich hin- und herwerfend, fast taumelnd, auf die Beute. Streckenflug jedoch meist schnell. Jagt über offenem Moor-, Heide- und Weideland aller Art ebenso wie über Schilffeldern und Strandwiesen. Das Männchen läßt beim Balzflug ein trockenes, gackerndes „tjück-ück-ück-ück-ück" hören. Das Weibchen warnt mit schrillem, buntspechtartigem „tscheck-eck-eck-eck . . .". Ernährt sich hauptsächlich von Nagern und Jungvögeln.

Wiesenweihe *Circus pygargus* ♂ 40 – 45 cm, ♀ 44 – 51 cm, Sp 100 – 120 cm

Männchen dunkler grau als Korn- und Steppenweihe. Der Flug ist seeschwalbenartig hüpfend, und der Vogel sieht sehr schlank und „schlaksig" aus, besonders das Männchen, das manchmal an ein großes Insekt erinnert. Jungvögel und Weibchen sind Steppenweihen in entsprechenden Kleidern sehr ähnlich. Von nahem sind wahrscheinlich die Unterschiede in der Kopfzeichnung die besten Bestimmungsmerkmale; man achte vor allem auf die helle Halskrause der Steppenweihe und den dunklen Strich, der durch das Auge nach hinten geht. Einjährige Wiesenweihenmännchen haben jedoch manchmal eine helle Halskrause, die durch unvermauserte helle juvenile Federn gebildet wird. Der Balzruf des Männchens ist heller als bei der Kornweihe, ein schrilles „njack-njeck-njeck", der Lockruf ein peitschendes „kniäck". Der Bettellaut des Weibchens ist ein helles, pfeifendes „pih-i", der Warnruf ein rasches, wieherndes, schrilles „tjeck-eck-eck-eck . . .". Kommt in Heide-, Wiesen- und Sumpfgelände vor; brütet vorzugsweise in Flachmooren. Die Nahrung besteht aus kleinen bodenbewohnenden Tieren und Vögeln wie Lerchen und Piepern, Nagern und Kriechtieren.

Steppenweihe *Circus macrourus* 38 – 46 cm, Sp 90 – 110 cm

Seltener Gast aus Osteuropa. Männchen kleiner als Wiesenweihe, gedrungener, bedeutend heller und fast möwenartig. Weibchen und Jungvögel sehr ähnlich Wiesenweihe, haben aber eine deutliche helle Halskrause, einen dunklen Strich durch das Auge und selten einen auffallenden hellen Fleck über und hinter dem Auge (siehe auch Wiesenweihe und Abbildung). Kommt in Heidegebieten, Kultursteppe und trockeneren Mooren vor. Nahrung ähnlich Wiesenweihe, aber mehr Insekten.

Kornweihe

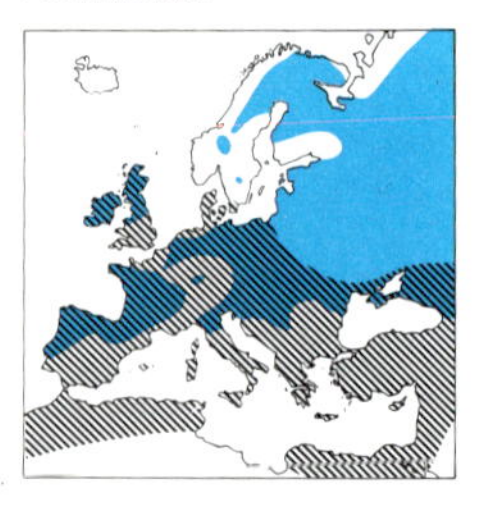

Wiesenweihe

Steppenweihe

Kornweihe ♂
mausernd
Wiesenweihe ♂
Wiesenweihe
Steppenweihe
♂
Steppenweihe

Kornweihe
♀
♀
Kornweihe ♀
Steppenweihe
juv.
♀ Wiesenweihe
Wiesenweihe
Steppenweihe ♀
♀
♀ Wiesenweihe
einjähr. ♂

Rotfußfalke ♀
Rotfußfalke ♂
♀
Turmfalke
♂
juv.
Baumfalke

Rotfußfalke *Falco vespertinus* 28 – 33 cm, Sp 60 – 65 cm

Ein kleiner Falke, weniger gedrungen als Baumfalke, erinnert im Körperbau mehr an einen kurzschwänzigen Turmfalken. Männchen unverkennbar. Jüngere Männchen haben dunkle Handschwingen, deren Unterseite bei einjährigen quergebändert ist. Weibchen sehr unterschiedlich, Unterseite und Scheitel von hell sandfarben – fast weiß (vor allem jüngere) – bis orangerot, mehr oder weniger gestrichelt, Oberseite grau. Jungvögel (ebenfalls sehr unterschiedlich) und Weibchen haben immer eine schwarze Maske um das Auge, der Turmfalke dagegen nie. Sitzt gern auf Leitungsdrähten und späht nach Insekten, wobei ihn der kurze Schwanz sofort vom Turmfalken unterscheidet. Rüttelt oft und fängt in der Abenddämmerung, oft noch erstaunlich spät, Insekten in der Luft wie Baumfalke und Lachmöwe. Gesellig, brütet vorwiegend in Saatkrähenkolonien in Wäldchen im Tiefland. Kommt hauptsächlich in offenem Heideland, in der Kultursteppe sowie am Rande von Feuchtgebieten vor. Nahrung vorwiegend Frösche und Insekten.

Turmfalke *Falco tinnunculus* 33 – 39 cm, Sp 68 – 80 cm

Am langen Schwanz kann man den Turmfalken leicht von den übrigen Falken (außer südeuropäischen Rötelfalken) unterscheiden; erinnert im Flugbild etwas an einen Kuckuck. Das Weibchen ähnelt dem Jungvogel, ist aber oberseits weniger deutlich gebändert. Rüttelt oft, wobei die aufrechte Haltung und der lange, gespreizte Schwanz ein typisches Flugbild ergeben. Sitzt gern auf Leitungsmasten oder ähnlichen Aussichtsposten. Die am weitesten verbreitete Falkenart, in offener Landschaft stellenweise häufig. Brütet einzeln in Krähennestern oder auf Felsabsätzen. Am Brutplatz stimmfreudig, mit scharfen, durchdringenden, aber etwas rauhen, gewöhnlich schnell gereihten, aber auch einzelnen „ki“-Rufen. Nahrung hauptsächlich Nager, Bodenvögel, Frösche und Insekten.

Baumfalke *Falco subbuteo* 28 – 35 cm, Sp 70 – 80 cm

Gedrungener als Turm- und Rotfußfalke, mit schnelleren und energischeren Bewegungen. Das Flugbild wird durch die langen, spitzen Flügel und den kurzen Schwanz gekennzeichnet. Altvögel haben rote Hosen. Jungvögel unterscheiden sich von jungen Rotfußfalken u. a. durch dunklen Scheitel. Der Baumfalke fängt seine Beute (Vögel, vor allem Lerchen und Schwalben, sowie Insekten) fast ausschließlich in der Luft. An Sommerabenden jagt er gern Libellen über Sümpfen und Schilfseen; dabei fliegt er langsam und mehr wie ein Rotfußfalke. Brütet in Krähennestern, in Feldgehölzen oder lichten Wäldern. Läßt am Brutplatz ein sehr abwechslungsreiches, mitunter fast kleinspechtartiges „kjü-kjü-kjü . . .“ oder „ki-ki-ki . . .“ hören. Überwintert im tropischen Afrika südlich des Äquators außerhalb des Regenwaldes. Zieht im August/September ab und kehrt nicht vor Mai zurück.

Rotfußfalke

Turmfalke

Baumfalke

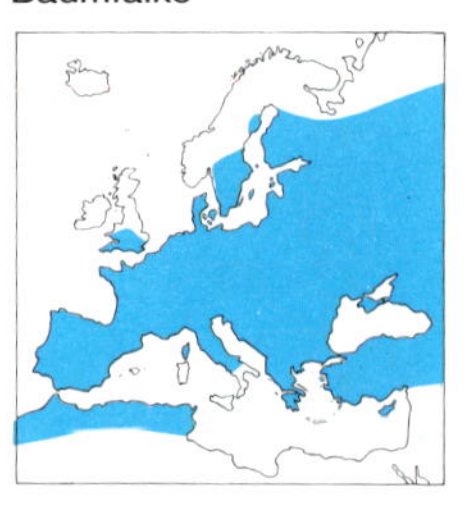

Rotfußfalke juv.
juv.
Turmfalke
Rotfußfalke
♂
♂
Turmfalke
Baumfalke

Hühnervögel Ordnung Galliformes

Feldhühner Familie Phasianidae

Rothuhn *Alectoris rufa* 35 cm
Dem Rebhuhn mitunter verblüffend ähnlich, vor allem im Flug. Die eigenartige ockerorange Färbung der Unterschwanzdecken erstreckt sich bis auf die Unterseite des im übrigen rebhuhnähnlichen Schwanzes. Jungvögel sind vor der Herbstmauser denen des Rebhuhns noch ähnlicher. Sie zeigen jedoch eine Andeutung der schwarzen Kehlfleckeinfassung und Flankenzeichnung der Altvögel, im Unterschied zu jungen Rebhühnern, die auf Unterseite und Flanken helle Schaftstriche aufweisen. Der Balzruf erinnert an den des Rebhuhns, ein schnell und mechanisch leierndes, gereihtes „kutscherr-tscherr, kutscherr-tscherr ...“; Erregungsruf ein hartes „kück, kück“. Ist bei der Nahrungssuche unruhig, bewegt sich mehr als das Rebhuhn und läuft bei Gefahr lieber davon, anstatt aufzufliegen. Sitzt mitunter frei auf Zäunen, Mauern und in niedrigen Bäumen. Hält sich am liebsten auf trockenen, steinigen, von Büschen und Hecken umschlossenen Plätzen auf. Nahrung allerlei Sämereien, Pflanzen und Insekten.

Rebhuhn *Perdix perdix* 32 cm
Meist an der Gestalt, dem hellziegelroten Kopf und dem kurzen, beim Auffliegen deutlich rostroten Schwanz leicht zu erkennen. Die Henne hat keinen bzw. einen kleineren dunklen Bauchfleck. Jungvögel sind ganz beigegrau mit deutlichen hellen Schaftstrichen. Das Rebhuhn ist in der offenen Kulturlandschaft weit verbreitet. Den größten Teil des Jahres über in eng zusammenhaltenden Gruppen, meist Familien. Sie ziehen gemächlich an Feldrainen, Wegrändern, Buschreihen und ähnlichen Grenzsäumen entlang, wo es reichlich Unkrautsamen gibt. Aufgeschreckt fliegen alle nacheinander mit lautem Gepolter und aufgeregt hämmerndem „pitt, pitt ... pick ... pitt ... prrr, pick ...“ usw. auf; bei Beunruhigung laufen sie davon. Nimmt gern Staub- und Sonnenbäder. Balzruf ein explosiver, metallisch knarrender Kehllaut „kiärr-ik, kiärr-ik“, der Tag und Nacht zu hören ist. Lebt im Sommer und Herbst hauptsächlich von Sämereien, im Winter und Frühjahr von grünen Pflanzen, im Sommer auch von Insekten und anderen Kleintieren.

Schottisches Moorschneehuhn *Lagopus lagopus scoticus* 40 cm
Wirkt sowohl im Flug wie auf dem Boden sehr dunkel. Henne eine Spur heller, mehr beige; beide Geschlechter im Sommer relativ mehr beige. Ruft beim Auffliegen nasal lachend, fast wie ein Frosch „weüch wehehühühühü“. Balzruf ein klangähnliches, aber gleichmäßig beschleunigtes, gereihtes „Froschquaken“. Verbreitet in großen, offenen Heide- und Moorgebieten, selten in der Kulturlandschaft. Lebt von Früchten, Beeren und Pflanzenteilen, vor allem Heidekraut, sowie Insekten und anderen Kleintieren.

Rothuhn

Rebhuhn

Schottisches Moorschneehuhn

Rothuhn
♂
♀
Rebhuhn
Moorschneehuhn
♀
♂

Fasan *Phasianus colchicus* ♀ 55 – 62 cm, ♂ 75 – 90 cm
Aus West- bzw. Ostasien in Europa eingebürgert. Die Färbung der Hähne variiert. Durch Größe und Schwanzform von allen anderen einheimischen Hühnervögeln unterschieden. Kommt in kleinen Gruppen meist in der Kulturlandschaft mit Wäldern, Gehölzen, Hecken oder Parks vor, nicht selten auch im Schilf und an Seeufern. Der Hahn balzt mit einem zweisilbigen, hart krächzenden Ruf, dem eine Reihe schneller, polternder Flügelschläge folgt. Fluggeräusche ähnlich, verrät sich dadurch ebenso wie durch den Flugruf, ein metallisches, hartes, heiser krächzendes „ech". Breites Nahrungsspektrum, bei erwachsenen Vögeln hauptsächlich pflanzlicher Art, bei Küken größtenteils Insekten und andere Kleintiere. Nimmt gern Futterstellen an.

Wachtel *Coturnix coturnix* 18 cm
Am Brutplatz selten zu sehen. Gibt sich meist durch den „Wachtelschlag", den Balzruf des Männchens, zu erkennen, einen schnell und taktfest wiederholten, dreisilbigen, absinkenden Pfiff „bütt-büll-ütt", der anhaltend und gleichmäßig besonders in der Abenddämmerung aus Kleeschlägen, Kartoffeläckern, Wiesen und (möglichst niedrigen) Saatfeldern erklingt. Die Henne ruft leise „brüt-büt", manchmal synchron mit den beiden letzten Silben des Hahns. Fliegt über kürzere Strecken ziemlich langsam mit schnellen, flachen Flügelschlägen dicht über dem Bewuchs und fällt meist schnell wieder ein. Im allgemeinen jedoch sehr schwer hochzumachen, läuft lieber davon oder drückt sich. Fernzieher, hauptsächlich nach Afrika südlich der Sahara. Zieht nachts in Gruppen und kann dann besonders in Südeuropa in größerer Zahl und in ausgefallenen Biotopen auftreten. In von Jahr zu Jahr wechselnder Zahl, in Mitteleuropa ab Ende April/Anfang Mai zu hören.

Rallenvögel Ordnung Gruiformes

Rallen Familie Rallidae

Wiesenralle oder **Wachtelkönig** *Crex crex* 26 cm
Kommt in üppigen Wiesen, Futterschlägen, Rapsfeldern usw. vor, vor allem, wenn sie von Buschreihen umgeben sind. Schwer zu beobachten, fliegt hochgemacht in schwankendem Flug mit mattem Flügelschlag und hängenden Beinen zum nächsten Versteck; dabei sind die rostbraunen Flügel kennzeichnend. Verrät sich meist durch ein sehr weittragendes hart knarrendes „krexkrex", vorwiegend nachts zu hören. Oft hört man zwei, manchmal drei Männchen nahe beieinander. Zugvogel, Ankunft April/Mai, Abzug August/September nach Afrika. Hat in weiten Gebieten abgenommen, doch ist in manchen Gegenden in den letzten Jahren eine Zunahme erfolgt, möglicherweise infolge der Entwässerung von Sumpfgebieten, durch die von der Wiesenralle bevorzugte Biotope geschaffen wurden.

Fasan

Wachtel

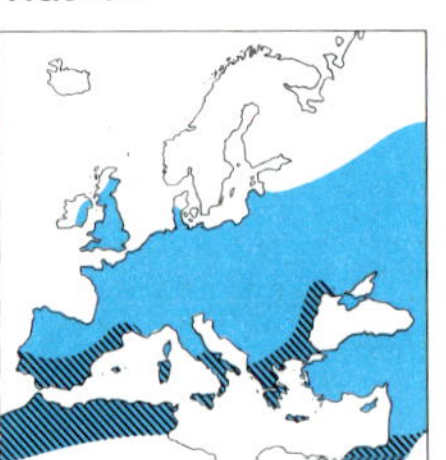

Wiesenralle

♀
♀
Fasan
♂
juv. (ca. 15 Tage)
Wachtel
♂
♀
Wiesenralle

Zwergsumpfhuhn *Porzana pusilla* 18 cm

Ein sehr schwer zu beobachtendes Sumpfhuhn, etwa sperlingsgroß. Weibchen wie Männchen, aber etwas verwaschener gefärbt und mit braunen Ohrdecken. Balzruf höchstens auf 200 – 250 m zu hören, ein 2 – 3 Sekunden dauernder, trockener, kratzender Laut von schwankender Stärke, der an den Ruf des Knäkerpels erinnert, und der u. a. leicht mit dem Quarren der in Mittel- und Südeuropa überall im gleichen Biotop vorkommenden Wasserfrösche zu verwechseln ist. Kommt in Flußniederungen an Teichen und in Sumpfgebieten mit reicher Vegetation, vor allem Seggen, und niedrigem Wasserstand vor. Wählerisch in den Ansprüchen an den Biotop und empfindlich gegenüber Veränderungen des Wasserstandes. Ernährung wie Kleines Sumpfhuhn.

Kleines Sumpfhuhn *Porzana parva* 19,5 cm

Heimlich, aber leichter zu beobachten als das Zwergsumpfhuhn. Weibchen wirkt insgesamt hell, oben kontrastreich gezeichnet. Bei Männchen (und Weibchen) ist die Fleckung unterschiedlich, und manche (vor allem wahrscheinlich einjährige) wirken sehr hell gezeichnet; jedoch findet im Laufe des Sommers eine starke Abnutzung der hellen Federsäume statt. Oben olivbraun, nicht rotbraun, Flanken ungebändert. Beine grün, Schnabelwurzel rot. Jungvögel jungen Zwergsumpfhühnern sehr ähnlich, doch sind die hellen Flecken ausgefüllt, nicht ringförmig, und in Reihen angeordnet, die helle Bänder bilden. Ferner längere Handschwingen (auch bei Altvögeln), möglicherweise auch weniger deutlich gebänderte Flanken. Stimme des Männchens ein leises, tiefes Quäken, das zum Ende hin zu einem schnelleren Gestotter, aber niemals zu einem Roller beschleunigt wird, „kuack (küeck) . . . kuack . . . kuack . . . kuack, kuack, kuack, kua, kua, kwa-kwa-kwa-kwa-kwa-kwa“. Das Weibchen verfügt über einen schneller beschleunigten, mehr vibrierenden Schlußtriller „küäck, küäck, kwärrrr“ von recht unterschiedlicher Tonhöhe und manchmal dem Balzruf der Wasserralle sehr ähnlich. Kommt im Schilfgürtel mit etwas tieferem Wasser, vor allem in Schilf und Rohrkolben vor, wo alte Pflanzenteile ein „Wegnetz“ über dem Wasser bilden; schwimmt auch ohne Zwang. Lebt von kleinen Wassertieren. In Mitteleuropa im Westen sehr lokaler, seltener und meist unbeständiger Brutvogel, im Osten und Südosten relativ verbreitet.

Tüpfelsumpfhuhn *Porzana porzana* 23 cm

Schwer zu beobachten. Sieht meist dunkel aus, aber bei ausreichendem Licht leicht am gefleckten Gefieder und an den hellen Unterschwanzdecken zu erkennen. Stimme arttypisch, ein lauter und sehr weittragender, taktmäßig wiederholter, peitschender, aus der Entfernung etwas abfallend klingender Pfiff „hüitt“. Balzt erst nach Einbruch der Dunkelheit. Kommt in Sümpfen, an Seen, Teichen, Flüssen, an Stellen mit seichtem Wasser und reicher Vegetation, am liebsten Binsen und Seggen, vor. Lebt von Kleintieren und Pflanzenteilen.

Zwergsumpfhuhn

Kleines Sumpfhuhn

Tüpfelsumpfhuhn

Zwergsumpfhuhn
♂
juv.
juv.
Kleines Sumpfhuhn
♂ einjähr.
♀
♂
Tüpfelsumpfhuhn
juv.

Wasserralle *Rallus aquaticus* 28 cm

Ein heimlicher, kleiner, dunkler Vogel. Fliegt aufgeschreckt auf lose flatternden Flügeln und mit hängenden Beinen ein kurzes Stück davon. Schwer zu beobachten, steht aber manchmal genau am Schilfrand frei und sonnt oder putzt sich. Verrät ihre Anwesenheit jedoch meist durch sonderbare Grunz- und Stöhnlaute aus dem Pflanzengewirr, z. B. plötzliche, fast explosive Ausbrüche von schrillem Ferkelquieken, die schnell abgewürgt werden und in Grunzen, kurze wimmernde „quirr" – und andere, an Magenknurren gemahnende Laute, ausklingen. In Frühlingsnächten läßt das Männchen ein taktmäßig hämmerndes „küpp . . . küpp" usw. hören, manchmal mit einem vibrierenden Schluß „küpp . . . küpp . . . küpp, kürrrl" (nicht unähnlich dem Ruf des Weibchens des Kleinen Sumpfhuhns, aber höher und metallischer); ferner ein ähnliches, schnell trillerndes „kürrrl", meist im Frühjahr im Flug in großer Höhe. Röhricht, Sümpfe, Seggenwiesen und ähnliche Wasserpflanzendschungel, auch mit Weiden und Erlen durchsetzt. Überwintert nicht selten in Mitteleuropa; die meisten kehren im März/April zurück. Lebt von Kleintieren, Sämereien, Beeren und Pflanzenteilen.

Teichhuhn *Gallinula chloropus* 33 cm

Unverkennbar, sowohl im Laufen wie im Schwimmen hühnerartig vornübergebeugt, zeigt dabei unter unaufhörlichem Schwanzzucken den kennzeichnenden „Achtersteven". Läßt oft ein abwechslungsreiches, überraschendes, gurgelndes „kürrl" oder „kürrück", manchmal ein hartes, fast rebhuhnartiges „kr-r-eck", ein wiederholtes „keck", „kick" oder „kickick" hören. Balzt im Frühjahr nachts unter anhaltendem krächzendem Rufen, „kreck-kreck-kreck . . .", auch bei weiten nächtlichen Rundflügen. Kommt meist einzeln oder in kleinen Gruppen an Schilfseen, Flüssen, Teichen usw. mit schützendem Bewuchs von Schilf, Rohrkolben, Weiden und dgl. vor. Teilweise scheu, aber manchmal, z. B. auf Parkteichen, sehr vertraut. Lebt hauptsächlich von Pflanzen, Sämereien und Früchten, aber auch von kleinem Getier.

Bleßhuhn *Fulica atra* 40 cm

Es hat eine weniger heimliche Lebensweise und ist auf Seen und größeren Teichen mit Schilfrand meist zahlreicher als das Teichhuhn. Begründet zeitig im Frühjahr ein Revier, das es gegen das Eindringen von Artgenossen, oft auch von anderen Wasservögeln, heftig verteidigt. Läuft beim Auffliegen und bei schneller Flucht in charakteristischer Weise unter Flügelschlagen über das Wasser. Typischster Laut ein lautes, wiederholtes, oft variiertes „köck" und ein explosives, zuweilen unglaublich hohes „pitts", wie wenn drinnen im Röhricht jemand eine Glühbirne auf einen Stein fallen ließe. Bei nächtlichen Rundflügen auch ein trompetendes, etwas hohles und melancholisches „pä-au". Im Herbst und Winter oft in Scharen, die in engem Verband weiden oder nach Seegras und Pflanzenstengeln tauchen. Kleintiere bilden ebenfalls einen Teil der Nahrung.

Wasserralle

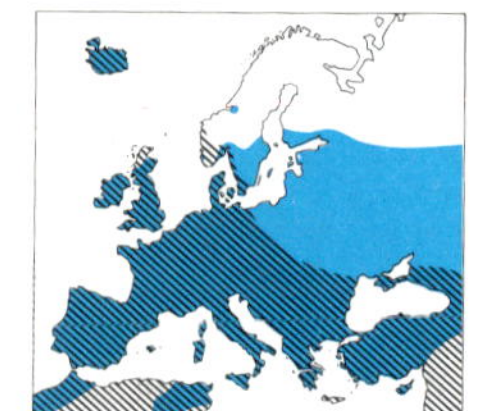

Teichhuhn

Bleßhuhn

juv.
Wasserralle
Teichhuhn
juv.
juv.
Bleßhuhn

Kraniche Familie Gruidae

Kranich *Grus grus* 114–130 cm, Sp 200–230 cm

Ein majestätischer Vogel, der sich auf dem Boden mit langsamen, betont „würdevollen“ Schritten bewegt. Im Flug gewaltig, mit langen, gleichmäßig breiten Flügeln, dünnem, ausgestrecktem Hals (vgl. Graureiher) und lang hinausragenden Beinen. Ziehende Vögel machen sich durch ihre weittragenden Rufe – nasale und schnarrende Trompetenstöße – bemerkbar. Am Brutplatz ruft das Paar im Duett „krrüi-kroh, krrüi-kroh“, am eifrigsten in der Morgendämmerung. Sonst am Brutplatz sehr heimlich. Führt im Frühjahr einen Tanz auf, wobei er mit erhobenen Flügeln umherhüpft, sich tief verneigt, trompetet und die Schmuckfedern des „Schwanzes“ (in Wirklichkeit die verlängerten inneren Armschwingen) sträubt. Brütet spärlich in offenen oder halboffenen Sumpfgebieten. Zieht im Familienverband in Gruppen, in Keilform oder Schräglinie. Rastet auf offenem Gelände. Lebt von Insekten, Kleintieren, Jungvögeln, Sämereien und Früchten.

Trappen Familie Otididae

Großtrappe *Otis tarda* ♂ 102 cm, ♀ 76 cm

Neben dem Höckerschwan Europas schwerster Vogel. Die Größe ebenso wie der Kehlbart und das rostrote Brustband des Trapphahns entwickeln sich nach und nach mit zunehmendem Alter. Sehr scheu. Stolziert mit aufrecht getragenem Hals und „würdevollen“ Schritten. Weidende Vögel können von weitem leicht für eine Herde Schafe gehalten werden. Der Flug ist kraftvoll mit gleichmäßigem Flügelschlag, ohne Neigung zum Segelflug. Die Hähne vollführen eine auffällige Balz, wobei sie eine verblüffende Verwandlungsnummer zeigen: sie stülpen sich gleichsam um und nehmen die Form eines großen weißen Federballs an. Kommt meist in kleinen Herden in ausgedehnter offener Feldflur vor. Umweltvergiftung und Mechanisierung der Landwirtschaft haben zu starkem Rückgang beigetragen. Die Nahrung besteht vornehmlich aus Pflanzen und Sämereien, aber auch, besonders im Sommer, aus Insekten und Kleintieren. Die wesentlich kleinere Zwergtrappe *(Tetrax tetrax)*, 43 cm, brütet im Mittelmeerraum, in Frankreich und nördlich vom Schwarzen Meer.

Kranich

Großtrappe

Zwergtrappe

juv.
Kranich
Großtrappe
♂
♀

Watvögel Ordnung Charadriiformes

Die Schnepfen- und Möwenvögel bilden zusammen mit den Alken die Ordnung *Charadriiformes.*

Schnepfenvögel

Eine sehr umfangreiche Vogelgruppe mit etwa 35 im nördlichen Europa regelmäßig vorkommenden Arten. Man pflegt sie in folgende Familien einzuteilen: Austernfischer, Regenpfeifer (und Kiebitze), Wassertreter, Stelzenläufer (und Säbelschnäbler), Triele, Brachschwalben sowie eine weniger einheitliche Familie *(Scolopacidae)*, die unter anderem die Bekassinen, Uferschnepfen, Brachvögel, Wasserläufer, Kampfläufer, Strand- und Sumpfläufer umfaßt. Die meisten Arten brüten vorwiegend in der Arktis und bilden während der Zugzeit einen sehr auffälligen Bestandteil der Fauna an der Küste und an vielen Binnengewässern. Die hier behandelten Arten brüten an Flachlandseen und Teichen sowie in Sumpf- und Wiesenland südlich der sogenannten nördlichen Nadelwaldgrenze und nördlich des Mittelmeergebietes. Arten wie Rotschenkel und Flußregenpfeifer brüten ebenfalls innerhalb dieses Gebietes. Der Bruchwasserläufer kommt während des Herbstzuges von Juli bis Oktober oft zahlreich an Flachlandseen vor (s. auch Waldwasserläufer). Der Rotschenkel *(Tringa totanus)*, 28 cm, erinnert an den Bruchwasserläufer, ist aber größer, hat rote Beine und einen auffälligen weißen Flügelhinterrand. Der Flußregenpfeifer *(Charadrius dubius)*, 19 cm, brütet an sandigen und schlammigen Ufern, in Kiesgruben und auf anderem Gelände mit ähnlicher Bodenstruktur. Eine nahe verwandte Art, der Sandregenpfeifer, hat (Jungvögel ausgenommen) orangefarbene Beine, eine weiße Flügelbinde und keinen gelben Augenring. Näheres bei den betreffenden Arten.

Möwenvögel

Die Möwenvögel teilt man in Raubmöwen *(Stercorariidae)*, Möwen *(Laridae)* und Seeschwalben *(Sternidae)* ein. Einige Möwen- und Seeschwalbenarten bilden einen charakteristischen Bestandteil der Vogelwelt der Süßwasserseen.

Möwen: Einige Arten, z. B. Silber- und Lachmöwe, haben ein sehr breites Nahrungsspektrum und treten deshalb in den unterschiedlichsten Biotopen auf. Dem Alterskleid, das hauptsächlich weiß, grau und schwarz ist, geht eine wechselnde Zahl subadulter Kleider voraus. Bei den kleineren Arten, z. B. der Lachmöwe, dauert es etwa 15 Monate, bei der Silbermöwe etwa 4 Jahre bis zur Ausbildung des Alterskleides. Es gibt beträchtliche individuelle Unterschiede im Mauserverlauf, und eine Gruppe von Möwen sieht of recht buntscheckig aus.

Seelschwalben: Bei den Arten der Gattung *Chlidonias* wird die Feldbestimmung durch das komplizierte Mauserschema erschwert (s. Trauerseeschwalbe). Außer der Trauer- und der Weißflügelseeschwalbe kommt in Südeuropa und Mittelfrankreich (unregelmäßig auch weiter nördlich) noch die Weißbartschwalbe *(C. hybrida)*, 24 cm, vor, die kräftiger gebaut ist als die Trauerseeschwalbe und einen ähnlichen Kopf mit weißen Wangen und schwarzem Scheitel hat wie die Flußseeschwalbe.

Lachmöwen

Kiebitz

Regenpfeifer Familie Charadriidae

Goldregenpfeifer *Pluvialis apricaria* 27 cm

Durch die rundliche Form, den kurzen Schnabel, die schwarze Zeichnung der Unterseite und das Verhalten gekennzeichnet. Bewegt sich ruckartig, tut jeweils ein paar Schritte, um wie auf einem angehaltenen Film ganz still eine oder mehrere Sekunden lang den Schritt zu verhalten. Die Ausdehnung der schwarzen Zeichnung der Unterseite schwankt; sie ist bei Weibchen durchweg geringer und kann bei den im Bereich der südlichen Ostsee brütenden fast ganz fehlen. Winter- und Jugendkleid sehr ähnlich. Flug schnell und geradeaus: ziehende Vögel fliegen oft in stumpfem Keil. Außer am Brutplatz sehr gesellig, tritt oft in großen Scharen auf. Rastet auf Feldern und Wiesen. In Mitteleuropa auf kleine Restbestände in Mooren der nordwestdeutschen Tiefebene beschränkt. Ruf ein wehmütig klagendes „püh“ oder „pih“; Balzruf ein wiederholtes „plü-i-vü“, dem manchmal ein schneller, rollender Ruf in derselben Tonlage folgt („als ob er Kiesel in der Kehle hätte“). Ernährung wie Kiebitz.

Kiebitz *Vanellus vanellus* 30 cm

Typisch ist der wilde, taumelnde Balzflug auf breiten schwarz-weißen Schwingen, den das Männchen im März aufführt. Beide Gatten wimmern bei der Balz oder bei Störungen mit peitschendem und doch weichem „piü-witt“. Beim Balzflug brummen die Flügel, wie wenn weiche Pappe über Fahrradspeichen gleitet. Wenn sich die einzelnen Paare auf Viehweiden, feuchten Wiesen und anderen geeigneten Brutplätzen verteilt haben, treten die frischeren und kontrastreicheren Farben der Männchen deutlich hervor. Weibchen haben kürzeren Zopf, weniger deutliche Gesichtszeichnung, mehr graugrünen Rücken und selten ganz schwarze Kehle. Jungvögel wie Weibchen im Winterkleid, aber mit grauer Brust. Im Mai/Juni findet ein „Frühsommerzug“ zu traditionellen Übersommerungsplätzen statt, an denen es zu großen Ansammlungen kommt. Häufig überwintern große Mengen im Nordseeküstenbereich, oft zusammen mit Goldregenpfeifern. Nahrung überwiegend Insekten und Kleintiere, aber auch pflanzlicher Art.

Goldregenpfeifer

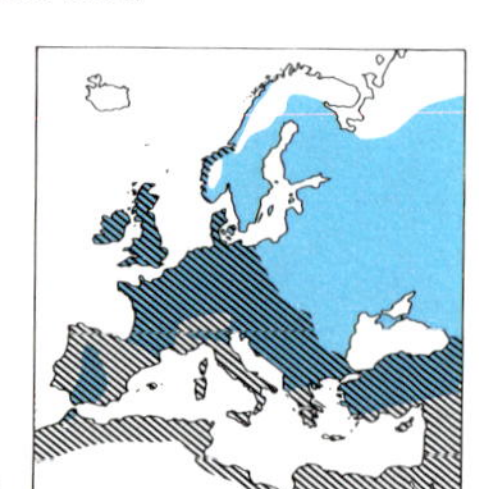

Kiebitz

juv.
♂
Goldregenpfeifer
♂
Kiebitz
♂
♀ Winter

Schnepfenvögel Familie Scolopacidae

Flußuferläufer *Actitis hypoleuca* 20 cm

Häufig der einzige Watvogel an vielen europäischen Süßwassern, beim Auffliegen durch wiederholtes nadelspitzes, durchdringendes „hih-dih-dih" zu erkennen. Zeigt eine eigenartige Flugweise: ein mausähnlicher Vogel mit langem Schwanz und deutlicher weißer Flügelbinde fliegt dicht über dem Wasser mit schnellen, vibrierenden Flügelschlägen, die mit kurzen Gleitflügen auf starren, abwärts gewinkelten Flügeln abwechseln. Steht gern auf Steinen und wippt dabei in charakteristischer Weise ständig mit dem Hinterteil. Der Balzgesang, eine schnell leiernde Reihe heller, nadelspitzer „pipitiwidih-pipitiwidih" ist of Tag und Nacht zu hören. Warnruf ein durchdringendes, ausdauerndes „hihp". Bevorzugt steinige und schlammige Ufer ohne dichten Bewuchs, aber am liebsten im Schatten von Gebüsch oder Bäumen. Auf dem Zug mitunter an ganz kleinen Tümpeln, Abzugsgräben u. dgl. Lebt vor allem von Kleintieren.

Waldwasserläufer *Tringa ochropus* 23 cm

Im Flug mit schnittigem Flügelschlag fällt der Kontrast zwischen der dunklen Färbung der breiten Flügel sowie des Rückens und dem weißen Bauch und Bürzel auf. Jungvögel haben dunkleren Scheitel und Hals sowie kleine ockerfarbene Flecken auf der Oberseite. Wippt mit dem Hinterteil. Brütet in Drosselnestern in dichten Waldungen. Rastet auf dem Zug an schlecht einsehbaren, am liebsten schlammigen Süßwasserufern. Wird leicht mit dem Bruchwasserläufer *(T. glareola),* 21 cm, verwechselt, der jedoch schlanker, heller und oberseits gröber gezeichnet ist, schmalere, unterseits hellere Flügel und einen anderen Ruf hat, ein schrilles „jiff-jiff-jiff". Der Lockruf des Waldwasserläufers ist ein peitschendes, scharfes, voll klingendes „tüitt-witt-witt", der Balzgesang ein Strom jodelnder Pfiffe „tlüitiht, tlüitiht", der Warnruf ein hämmerndes „titt-titt-titt". Die Weibchen ziehen Anfang Juni ab, die Männchen mit den Jungen folgen später. Ernährung wie Flußuferläufer.

Terekwasserläufer *Xenus cinereus* (Abb. S. 76) 23 cm

Zu erkennen am langen, aufgebogenen Schnabel, der steilen Stirn, dem einfarbig schmutziggrauen Gefieder mit einem schwarzen V auf dem Rücken, dem teilweise sichtbaren schwarzen Flügelbug sowie den kurzen gelbgrauen (im Winterkleid gelben) Beinen. Im Flug ist ferner das hellgraue Feld an der Hinterkante der Flügel, das an den Rotschenkel erinnert, sehr auffällig. Rufe recht abwechslungsreich, meist ein schnelles „tjü-dü-dü", sowie beim Auffliegen ein etwas schrilles, rollendes „trürrüt" oder „kürr-rürrrütt". Balzruf ein langsames, wiederholtes, tief klingendes „klüiwü", „krrüiwü". Brütet auf Feuchtwiesen mit Weidengebüsch an Flüssen und Binnenseen. Lebt vor allem von Insekten.

Flußuferläufer

Waldwasserläufer

Terekwasserläufer

Flußuferläufer
Waldwasser-
läufer
Waldwasserläufer
Flußuferläufer

Kampfläufer *Philomachus pugnax* ♂ 30 cm, ♀ 24 cm
Ein eigenartiger, im Prachtkleid unverkennbarer, aber in den unscheinbareren Schlichtkleidern leicht zu verwechselnder Schnepfenvogel. Die beträchtlich größeren Männchen tragen im Mai/Juni eindrucksvolle Perücken, Halskrausen und andere bunte Federn sowie Gesichtswarzen. Die Kleider variieren unendlich, und aus großer Entfernung kann man z. B. ganz rotbraune oder schwarze Männchen für etwas ganz anderes halten. Auch bei den Weibchen variiert der Anteil bunter Federn beträchtlich. Jungvögel, die auf dem Zug im Spätsommer und Herbst stark überwiegen, variieren im Farbton von gelbgrau bis braunrot. Winterkleid wie Jugendkleid, aber fahler grau. Der Flug ist schnittig, etwas taubenartig; Gleitflug ist häufig. Die Männchen versammeln sich im Mai/Juni im Brutgebiet an besonderen Balzplätzen auf feuchten Wiesen und Mooren. Sie tanzen bzw. tragen untereinander Turniere aus, indem sie mit gesträubtem Gefieder herumspringen, sich verbeugen, mit den Flügeln schlagen oder sie schleifen lassen. Rastet auf dem Zug an schlammigen, nahrungsreichen Seeufern und Meeresstränden sowie auf Feuchtwiesen, aber auch auf Feldern und Sturzäckern. Nahrung allerlei Kleintiere, im Winterhalbjahr mit großem Anteil von Sämereien und Pflanzenteilen.

Kampfläufer

♂
♂
♂
♂
juv.
Kampfläufer
♂ Frühjahr
♀ Frühjahr

Uferschnepfe *Limosa limosa* 40–44 cm

Ein meist schlank und „lang" erscheinender Schnepfenvogel. Das Sommerkleid variiert; Männchen sind meist kräftiger und stärker rot gefärbt als Weibchen, die zuweilen in der Brutzeit fast ein „Winterkleid" tragen. Jungvögel ähneln in Färbung und Zeichnung jungen Kampfläufern. Die in der Arktis brütende Pfuhlschnepfe *(L. lapponica)* ist sehr ähnlich, erscheint aber nur ausnahmsweise im Binnenland; ihr fehlt die schwarzweiße Flügel- und Schwanzzeichnung. Am Brutplatz ist die Uferschnepfe sehr stimmfreudig; sie „jammert" mit nasalem, nervös wiederholtem „wewewü" oder „ke-wäckü", gedehnterem, vibrierendem „krrreeüh", bei großer Erregung mit hastigem „ki-wi-wi" usw. Der Balzgesang hat den gleichen jammernden Charakter und wird von einem oder mehreren Männchen in schnellem, geradeaus gerichtetem, aber schlingerndem Flug mit raschen, vibrierenden Flügelschlägen vorgetragen. Brütet in Feuchtwiesen und Mooren, oft in entwässerten Sümpfen, am liebsten am Wasser. Sucht Nahrung, indem sie den dazu besonders geeigneten Schnabel in lockere Erde, Schlamm oder dgl. bohrt; oft sieht man, wie sie den Schnabel säubert.

Großer Brachvogel *Numenius arquata* 56–63 cm

Europas größter Schnepfenvogel. Verbreitet und bekannt, aber scheu und mit seiner den Moorwiesen angepaßten Färbung gut getarnt. Männchen und Weibchen sowie Jung- und Altvögel unterscheiden sich wenig. Bei der Balz im Frühjahr schrauben sich die Männchen mit flatterndem Flügelschlag stumm zum Himmel empor, „ermatten" und lassen sich langsam auf hoch erhobenen, möwenartig gewinkelten Flügeln herabsinken, anfangs sanft trillernd, doch der Triller beschleunigt sich und gipfelt in einem ergreifenden, hellen, zitternden Ton. Der tiefe, leicht melancholisch klingende Flötenton kommt auch im Lockruf vor, einem weichen „kui" oder „kluüit". Ernährt sich von Kleintieren, zum Teil auch von Pflanzen. Kann mit dem sehr ähnlichen Regenbrachvogel *(N. phaeopus)*, 43–47 cm, verwechselt werden, der hauptsächlich in den arktischen Fjell- und Taigaregionen brütet; dieser ist jedoch kleiner, hat einen gestreiften Scheitel wie die Bekassine, und sein Lockruf ist ein weniger klangvoller, kichernder Triller.

Uferschnepfe

Großer Brachvogel

Uferschnepfe ♂
♀
Großer Brachvogel ♂

Bekassinen

Bekassine *Gallinago gallinago* 27 cm
Die einzige der drei europäischen Sumpfschnepfen, die außerhalb der Fjell- und Taigaregionen brütet. Verbreiteter Brutvogel in Mooren und Feuchtgebieten verschiedener Art, auf dem Zug auch an schlammigen Ufern aller Art und auf Tangbänken. Sucht Nahrung (Würmer, Insekten und dergleichen), indem sie mit dem Schnabel im Schlamm und lockeren Erdreich bohrt. Das geschieht ziemlich ruckartig, und der ganze Vogel bewegt sich wie ein mechanisches Spielzeug. Drückt sich bei Gefahr, wobei sie im Wasser bis zu zwei Dritteln eintaucht. Bei Annäherung auf 10 – 15 m fliegt sie „explosiv" auf, wobei sie sich mehrmals hin und her wirft und ein paar rauhe „kätsch"-Rufe ausstößt. Auch der Flug wirkt abrupt. Beim Balzflug steigt und sinkt sie mit flatterndem Flügelschlag; dabei erzeugen die äußersten Schwungfedern durch Luftschwingungen ein lautes Brummen („Meckern"). Balzt auch mit lautem, taktfestem „tick-a(tück-a), tick-a, tick-a ...", oft von einem Zaunpfahl, Baumwipfel oder dergleichen aus. Vorwiegend nachtaktiv.

Triel *Burhinus oedicnemus* 42 cm
Ein Sonderling unter den Vögeln Europas. Der große Kopf, die sperberähnlichen Augen und die oft völlig unbewegliche Haltung erinnern an ein Reptil oder an den Urvogel. Kommt spärlich in Halbwüsten, Heide- und Kulturland vor, oft in kleinen Gruppen, auf dem Zug auch in größeren Verbänden; fast immer in tarnfarbenem, ziemlich trockenem, steinigem Gelände mit niedrigem Gestrüpp. Erstarrt, drückt sich und läuft lieber davon statt aufzufliegen. Aufgeschreckt fliegt er mit schnellen, flachen Flügelschlägen dicht über dem Boden ein kurzes Stück davon. Im Flug, der über längere Strecken brachvogelähnlich wirkt, ist die schwarzweiße Flügelzeichnung ein unverkennbares Merkmal. Auch die Stimme erinnert an den Großen Brachvogel; Flugruf ein abwechslungsreiches kräftiges „kür", „krrüu-lii". Am Boden eine Reihe verschiedener Laute, u. a. ein schnell wiederholtes „kürr-ri, kürr-ri ...", ein etwas austernfischerartiges „krüwit, krüwit ...", ein helles, klares „wiip" usw. Vorwiegend dämmerungs- und nachtaktiv. Lebt von Schnecken, Insekten, Würmern usw., kann aber auch Tiere bis zur Größe einer Maus, Jungvögel und Frösche erbeuten.

Bekassine

Triel

Bekassine
balzend
Triel

Möwen Familie Laridae

Zwergmöwe *Larus minutus* 30 cm

Wird in Lachmöwenkolonien, wo sie gern brütet, leicht übersehen. Ist jedoch kleiner als Lachmöwe, und der Flug ist leichter, mehr trauerseeschwalbenähnlich. Altvögel haben rundere, unterseits ganz dunkle, oberseits graue, weiß gesäumte Flügel. Im Prachtkleid ist der ganze Kopf pechschwarz, nicht schokoladenbraun, im Ruhekleid wie bei der Lachmöwe. Man sieht sie selten sitzen; dann wirkt sie auffallend kurzbeinig, fast wie eine Seeschwalbe. Jungvögel bekommen im August/Oktober einen grauen Mantel und eine graue Zeichnung an Kopf und Hals, behalten aber die charakteristische Flügelzeichnung, bis sie etwa ein Jahr alt sind (s. Abb.). Verrät sich oft durch die charakteristische Stimme, meist ein wiederholtes, hartes, seeschwalbenartiges „kjeck“, oft wie ein uferschnepfenähnliches, klagendes „ke-weü, ke-weü, ke-weü . . .“. Dabei streckt das Männchen den Hals und fliegt mit tiefen Flügelschlägen, oder das Paar (manchmal mehrere) fliegt im Gleitflug in dicht geschlossener Formation. Brütet an seichten, meist vegetationsreichen Seen, überwintert jedoch auf See. Erbeutet einen großen Teil der Nahrung, hauptsächlich Insekten, in der Luft oder schnappt sie von der Wasseroberfläche auf.

Lachmöwe *Larus ridibundus* 38 – 44 cm

Im Flug in allen Kleidern leicht kenntlich an der weißen Vorder- und schwarzen Hinterkante des Handflügels (unterseits dunkelgrau mit schmalerer weißer Vorderkante). Kopf im Winter weiß mit dunklem Ohrfleck, Füße und Schnabelwurzel heller rot. Mantel im ersten Winterkleid grau. Weit verbreitet und sehr zahlreich. In Nahrungs- und Biotopwahl sehr anpassungsfähig, überall an Süßwasser und Küsten aller Art, in der Kulturlandschaft, oft zusammen mit Sturmmöwen auf frischgepflügten Äckern, in Städten, Häfen usw. anzutreffen. Brütet in Kolonien, oft in großer Zahl, vor allem an Schilfseen. Stimme sehr charakteristisch, aber schwer wiederzugeben, meist kreischend und durchdringend, schnarrend.

Zwergmöwe

Lachmöwe

juv.
Zwergmöwe
einjähr.
juv.
Lachmöwe
juv.

Sturmmöwen

Sturmmöwe *Larus canus* 41 – 45 cm
Aussehen wie Silbermöwe, aber kleiner, schlanker, Bewegungen leichter; kindliches, mitunter geradezu anmutiges Gesicht, Schnabel immer bedeutend kleiner. Jungvögel mausern im August/Oktober und bekommen ganz oder teilweise grauen Mantel. Im Frühjahr wird das Körpergefieder wieder gemausert, und die Flügel werden blasser, so daß einjährige Sturmmöwen im Mai/Juni oft sehr hell, z. T. mehlweiß wirken. Stimme heller als die der Silbermöwe, meist ein nasales, undeutliches „keau", bei stärkerer Erregung zu einem hellen, melodischen „kauiii" oder einem gackernden „kekeke . . ." verlängert. Warnruf ein beharrliches „gliü, gliü . . ." im Falsett. Brütet an der Küste in großen, im Binnenland in kleinen Kolonien oder einzeln an Seen aller Art, außer an seichten, vegetationsreichen Flachlandseen sowie an größeren Flüssen, nicht selten auch auf Feldern weitab vom Wasser. Besucht gern Äcker, besonders nach Regen, oder folgt dem Traktor oder Pflug auf der Suche nach Würmern, Insekten und anderen Kleintieren. Die Nahrung besteht ferner aus kleinen Fischen und anderen Wassertieren, gelegentlich auch Vogeleiern, Kleinnagern usw.

Silbermöwe *Larus argentatus* 58 – 67 cm
Unterschiede gegenüber Sturmmöwe s. o. Erst im vierten Winter voll ausgefärbt. Aussehen in subadulten Kleidern sehr variabel. Der graue Mantel wird gewöhnlich im zweiten Winter angelegt (oft mit einigen braun gezeichneten Federn). Außerhalb Westskandinaviens sowie Mittel- und Westeuropas brütende Rassen haben gelbliche Füße. Die Stimme klingt dunkel und tief, u. a. wie „auü", oft wiederholt und gedehnt; Warnruf ein krächzendes „ag-ag-ag . . .". Brütet im Binnenland nur an größeren Gewässern, wird fliegend aber auch allgemein über Städten und Kulturland angetroffen. Schraubt sich oft in große Höhen und fliegt gern im Keil oder in Schräglinie. Allesfresser; besonders im Winter kommt es oft zu großen Ansammlungen an Müllkippen und ähnlichen Orten.

Sturmmöwe

Silbermöwe

juv.
Sturmmöwe
Silbermöwe

Seeschwalben Familie Sternidae

Flußseeschwalbe *Sterna hirundo* 36 – 42 cm

In großen Teilen Europas die einzige an Süßwasser brütende helle Seeschwalbe mit schwarzem Scheitel. Die ähnliche Küstenseeschwalbe *(S. paradisaea)* brütet an der Küste. Jungvögel können mit Trauerseeschwalben im Jugend- oder Winterkleid verwechselt werden, haben aber u. a. orangefarbene Schnabelwurzel und weniger flatternden Flug. Die Stimme klingt klirrend, zuweilen fast kreischend, kurz und hart „kick" oder gedehnt „krrrieee". Kommt an Süßwasser aller Art sowie am Meer vor; brütet oft in Kolonien. Erbeutet Fische, Insekten und andere Wassertiere durch Stoßtauchen oder Auflesen von der Wasseroberfläche.

Trauerseeschwalbe *Chlidonias niger* 24 cm

Macht oft schon durch ihren Flug auf sich aufmerksam. Wirkt wie eine große, langsame Schwalbe, wenn sie auf der Jagd nach Fluginsekten dicht über den Wasserpflanzen hin und her fliegt oder schnell etwas von der Wasseroberfläche aufschnappt. Der Flug ist etwas wiegend, der Flügelschlag fledermausartig, etwas steif, dennoch leicht und anmutig. Die Flugweise ist oft ein wertvolles Bestimmungsmerkmal. Die Schwarzfärbung von Kopf und Unterseite wird mitunter erst spät im Frühjahr ausgebildet, und die Herbstmauser beginnt zeitig, ab Juni, weshalb man häufig Vögel in scheckig schwarzweißem Gefieder sieht. Gewöhnlichster Laut ein nasales „kjä" oder „kjäck" und ein kurzes „kik". Brütet oft in Kolonien auf seichten, vegetationsreichen Flachlandseen und Sümpfen. Hat in vielen Gegenden an Zahl abgenommen, u. a. infolge der Entwässerung von Feuchtgebieten. Zieht schon im Juli/August größtenteils an der Küste entlang bis ins tropische Afrika.

Weißflügelseeschwalbe *Chlidonias leucopterus* 24 cm

Ein kontrastreich gefärbter Vogel, dessen leuchtend weiße Flügel den wie bei der Trauerseeschwalbe gemächlichen Flug noch stärker als einen schwerelosen Tanz im Zeitlupentempo erscheinen lassen. Die Kontrastfärbung der Oberseite weist individuelle Verschiedenheiten auf und kann sich der der Trauerseeschwalbe annähern. Die schneeweiße Flügelvorderkante der Weißflügelseeschwalbe hebt sich in einem Flug Trauerseeschwalben scharf ab. Im Winterkleid unterscheidet sie sich von der Trauerseeschwalbe durch Fehlen des dunklen Flecks am vorderen Flügelansatz, breitere weiße Flügelvorderkante, weniger ausgedehnte dunkle Kopfzeichnung, im Jugendkleid außerdem durch dunklen Mantel. Man achte im Winter- und Jugendkleid auch auf den hellgrauen, nicht weißen Bürzel und Schwanz mit weißen äußeren Steuerfedern. Stimme rauher und härter, wie „keck", „kreck" oder auch kurz „kick". Verhalten und Auftreten sonst wie Trauerseeschwalbe, ist jedoch anspruchsvoller in der Wahl des Brutbiotops.

Flußseeschwalbe

Trauerseeschwalbe

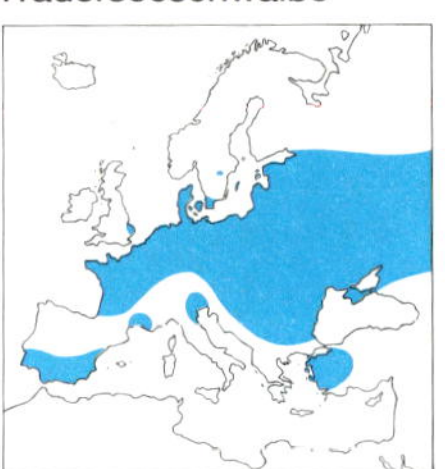

Weißflügelseeschwalbe

Flußseeschwalbe
Küstenseeschwalbe
Weißflügel-
seeschwalbe
Trauer-
seeschwalbe

Heringsmöwe *(Larus fuscus),* 53 – 59 cm. Kommt in Europa in zwei Rassen vor *(fuscus,* im Ostseeraum, mit rußschwarzer Oberseite, und *graellsii* in Westeuropa, mit dunkelgrauer Oberseite), Füße gelb. Verbreitet an Küsten und (v. a. in Finnland und im Baltikum) an Binnenseen. Zugvogel in Nordeuropa, vorwiegend auch in Westeuropa.

juv.
Weißflügel-
seeschwalbe
Winter
juv.
Trauersee-
schwalbe
Winter
einjähr.
Frühjahr
juv.
Flußseeschwalbe

Eulenvögel Ordnung Strigiformes

Schleiereulen Familie Tytonidae

Schleiereule *Tyto alba* 35 cm
Wegen ihrer nächtlichen Lebensweise öfter zu hören als zu sehen. Wirkt im Schein einer Straßenlaterne fast weiß, besonders die in West- und Südeuropa vorkommende Rasse *(alba)*, die heller ist als die nördliche und östliche *(guttata)*. Revierruf ein langgezogenes, heiseres, schneidendes Kreischen, Warnruf ein schnellerer, messerscharfer Schrei. Aussehen, Stimme und die Gewohnheit, in Scheunen, alten Lagerhäusern, Ruinen, Kirchtürmen usw. zu hausen und zu brüten, machen sie zu einer spukhaften Erscheinung. Kommt in offener Kulturlandschaft mit Wiesen, Feldern, einzelnen Bäumen und in Parks vor. Lebt von Kleintieren, hauptsächlich Nagern, und die Bestandsgröße wird durch das Nahrungsangebot geregelt.

Eulen Familie Strigidae

Sumpfohreule *Asio flammeus* 37 cm
Oft tagaktiv, jagt meist in der Abenddämmerung oder Morgenfrühe, daher ziemlich leicht zu beobachten. Im Sitzen sind das grobgefleckte Gefieder und die tiefen schwarzen Augenhöhlen kennzeichnend. Die kleinen Federohren werden nur beim Sichern aufgerichtet. Im Flug schlagen die langen Flügel ruckweise und etwas steif, aber sie gleitet und kreist schnell, elegant und äußerst wendig. Die unterseits sehr hellen Flügel mit stark durchscheinenden Schwungfedern haben auffallende halbmondförmige Bugflecken und dunkelgebänderte Spitzen. Die ähnliche Waldohreule *(A. otus)*, 35 cm, jagt auch über offenem Gelände, verlangt aber Wald oder Gehölze in der Nähe. Sie hat einen ähnlichen Flug, aber kürzere Flügel und ist etwas anders gezeichnet. Die Sumpfohreule brütet in weit offenem Gelände, ernährt sich hauptsächlich von Nagern, und ihr Vorkommen hängt weitgehend von deren Menge ab. Stimme des Männchens ein dumpf pumpendes „du-du-du-du-du", die des Weibchens ein heiseres „tjäää-upp".

Schleiereule

Sumpfohreule

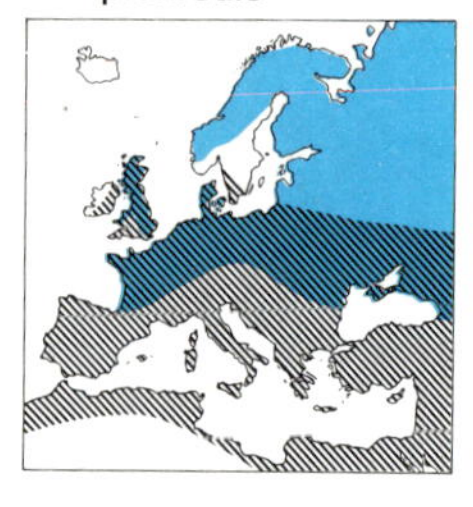

Waldohreule

Rasse *guttata*
Rasse *alba*
Schleuereule
Sumpfohreule

Steinkauz *Athene noctua* 23 cm

In weiten Teilen Europas die einzige Eule ihrer Größe, oft tagaktiv und daher meist leicht zu bestimmen. Meist entdeckt man ihn als graubraunen, dikken, breitköpfigen Klumpen auf einem Leitungsmast oder Zaunpfahl oder überrascht ihn tagsüber ruhend auf einem Ast, meist niedrig in einem Baum. Bewegt sich auf dem Boden recht gewandt, z. T. hüpfend. Rüttelt auch. Richtet sich bei Störungen auf und knickst wie ein Rotkehlchen. Der ähnlich aussehende Rauhfußkauz *(Aegolius funereus)* kommt nur in hochstämmigen Wäldern in Nordeuropa und in Gebirgen Mitteleuropas vor. Die in Südeuropa vorkommende Zwergohreule*(Otus scops)* ist kleiner und eckiger, hat deutliche Federohren und ist rein nachtaktiv. Der Revierruf des Steinkauzes ist ein gedehntes, leicht steigendes „kuaa". Andere Laute sind ein weicheres „kiiü", bei Störungen ein erregtes, fast flußseeschwalbenartiges „kip-kip-kip . . .". Die Jungen betteln mit einem typischen gedehnten, gleichmäßig schlürfenden Laut „hssss". Kommt vor allem in der offenen Kulturlandschaft vor, wo Parks, Alleen, Gebäude, Mauern u. ä. ihm Höhlen zum Brüten bieten. Lebt von Nagern, Kleinvögeln, Insekten, Würmern, Schnecken usw.

Segler Ordnung Apodiformes

Segler Familie Apodidae

Mauersegler *Apus apus* 17 cm

In ganz Europa nördlich der Alpen der einzige Vertreter der Ordnung Segler *(Apodiformes)*. Unterscheidet sich von Schwalben durch das ganz dunkle Gefieder und schmalere, sichelförmige Flügel, die nie – wie bei den Schwalben – beim Flügelschlag eingezogen werden. Bei der Nahrungssuche sieht man Mauersegler oft in großer Zahl zusammen mit Schwalben über Flachlandseen und anderen Feuchtgebieten. Brütet meist in Kolonien unter Dachziegeln und in Löchern und Schlupfwinkeln in Gebäuden und Mauern, mitunter auch in hohlen Bäumen und Nistkästen. Erbeutet seine Nahrung, Insekten und Spinnen, indem er sie in seinem weiten Rachen wie mit einem Kescher fängt. Bei den oft weitreichenden Beuteflügen wird die Nahrung im Kropf in Gestalt eines daumennagelgroßen Ballens gesammelt. Der Mauersegler ist ganz von für Fluginsekten günstigem Wetter abhängig und kann „schlimmstenfalls" viele hundert Kilometer weite Flüge unternehmen, um Schlechtwetterzonen auszuweichen. Die Jungen (z. T. auch die Altvögel) sind in einzigartiger Weise daran angepaßt; nachdem sie einige Tage gehungert haben, verfallen sie in einen energiesparenden Dämmerschlaf und können so eine Hungerzeit von 10 – 15 Tagen überstehen (wobei das Wachstum stillsteht). Um die Brutplätze, oft über den Hausdächern, führen Trupps von Mauerseglern mit schwindelerregender Geschwindigkeit unter trillerndem, schneidendem Gekreisch Formationsflüge aus. Zieht Ende Juli/Mitte August ab, kommt Ende April/Anfang Mai zurück.

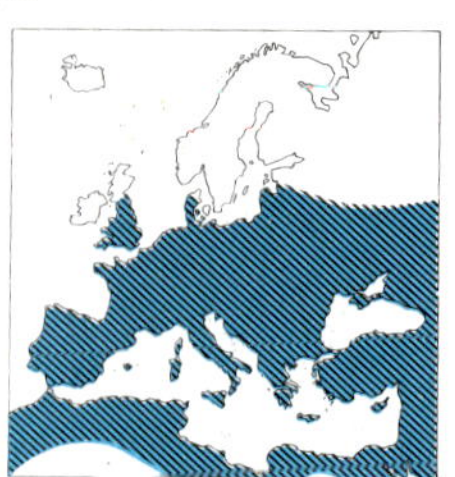

Steinkauz

Mauersegler

Steinkauz
Mauersegler
juv.
ad. mit Beuteballen im Kropf

Eisvogel

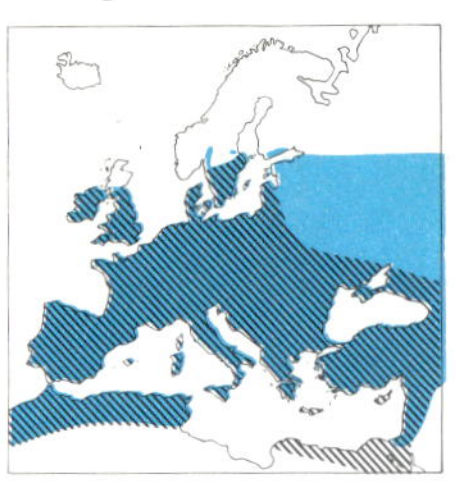

Wasseramsel

Rackenvögel Ordnung Coraciiformes

Eisvögel Familie Alcedinidae

Eisvogel *Alcedo atthis* 18 cm

Trotz, oder vielleicht wegen seiner Buntheit bekommt man den Eisvogel recht schwer zu sehen. Meist wird man durch die Stimme, ein durchdringendes, sehr typisches, hartes „ziii" oder „zrii" auf ihn aufmerksam. Oft sieht man ihn nur schnell vorbeifliegen, wobei der hell türkisblaue Rücken aufblitzt. Der Flug ist schnell; schwirrende Flügelschläge wechseln ab mit kurzen Gleitflügen. Späht von einem strategischen Platz aus nach Beute aus, kann aber auch rütteln. Kommt an klaren, fließenden Gewässern vor, am liebsten da, wo Weiden oder Erlen ihre Zweige über das Wasser hängen, gelegentlich auch an Teichen und kleinen Gräben. Brütet in bis zu 1 m tiefen Gängen, die er in sandige oder lehmige Uferbänke gräbt. Ernährt sich von Fischen und anderen kleinen Wassertieren.

Sperlingsvögel Ordnung Passeriformes

Die größte Ordnung nach der Zahl der Individuen wie der Arten; Größe und Lebensweise sehr unterschiedlich. Allen gemeinsam sind drei nach vorn und eine nach hinten gerichtete Zehe. Außer den unmittelbar ganz an die Sumpf- und Ufervegetation gebundenen Arten (z. B. Teichrohrsänger und Bartmeise) kommen auch andere Arten mehr oder weniger regelmäßig in diesem Biotop vor (so z. B. Star und Meisen). In der Ackerbaulandschaft treten außer den in diesem Band behandelten Arten viele Drossel- und mehrere Finkenarten sowie Star, Haus- und Feldsperling auf. Wenn es gilt, Sperlingsvögel zu bestimmen, ist die Kenntnis der verschiedenen Familien eine große Hilfe. In Europa sind folgende Familien vertreten: Lerchen *(Alaudidae)*: Kräftige bodenbewohnende Vögel mit Tarnfarbe und starkem Schnabel. Schwalben *(Hirundinidae)*: Geschickte Flieger, leben von in der Luft erbeuteten Insekten, sitzen oft auf Leitungsdrähten, übernachten gern im Schilf.

Eisvogel ♂
Wasseramsel
Text s. Seite 96
juv.

Stelzen und Pieper *(Motacillidae):* Schlanke, langbeinige Vögel mit eleganter Haltung und verhältnismäßig langem Schwanz. Würger *(Laniidae).* Pirole *(Oriolidae).* Stare *(Sturnidae):* Kurzschwänzige, schwarze, hell gefleckte Vögel, suchen oft auf Feldern und Wiesen Nahrung, übernachten in großen Schwärmen im Schilf. Seidenschwänze *(Bombycillidae).* Krähenvögel *(Corvidae):* Die größten Sperlingsvögel, meist schwarz und grau oder weiß gefärbt. Groß und starkschnäblig, meist Allesfresser. Wasseramseln *(Cinclidae).* Zaunkönige *(Troglodytidae).* Braunellen *(Prunellidae).* Sänger *(Muscicapidae)* mit mehreren Unterfamilien, Grasmücken *(Sylviinae),* eine umfangreiche Gruppe kleiner, vorwiegend insektenfressender Vögel, die meist unscheinbar gefärbt sind und sich flink im Schutz der Vegetation bewegen. Am leichtesten nach dem Gesang zu bestimmen. Bewohnen eine große Zahl von Biotopen. In Feuchtgebieten trifft man vor allem die Gattungen *Locustella* und *Acrocephalus.* Arten wie Fitis, Zilpzalp und Mönchsgrasmücke werden jedoch oft, vor allem auf dem Zuge, durch das reiche Insektenleben in Röhricht und Weidicht angelockt. Die Dorngrasmücke brütet im Gebüsch, zum Teil an Feldrainen und im hohen Korn. Der Seidensänger *(Cettia cetti),* 14 cm, ist ein Südeuropäer, der sich nach Norden ausbreitet und inzwischen Südengland erreicht hat. Heimlich und schwer zu beobachten. Dunkel, oben mattbraun, unten grau, mit „strengem“, ja „bösem“ Gesichtsausdruck. Schwanz gerundet, zuckt oft auf und ab. Gesang typisch, ein explosiver, brodelnder Ausbruch heller, sehr lauter Töne. Fliegenschnäpper *(Muscicapinae)* fangen Insekten in der Luft. Aufrechte Haltung. Drosseln *(Turdinae):* eine umfangreiche Gruppe, zu der u. a. Drosseln, Steinschmätzer, Braun- und Schwarzkehlchen, Nachtigall und Sprosser gehören. Typisch für die meisten ist eine „kecke“ aufrechte Haltung. Bartmeise *(Timaliinae).* Schwanzmeise *(Aegithalidae).* Beutelmeise *(Remizidae).* Meisen *(Paridae):* Bewohnen vor allem Wald- und Gartenland. Die Blaumeise pflegt jedoch im Herbst und Winter Schilfbestände aufzusuchen, wo sie überwinternde Insekten und Insektenlarven aus den Schilfhalmen heraushackt. Kleiber *(Sittidae).* Baumläufer *(Certhiidae).* Webervögel *(Ploceidae):* Die beiden Vertreter, Haus- und Feldsperling, kommen oft auf Anbauflächen vor, die reich an Sämereien sind. Finken *(Fringillidae)* erinnern an Ammern, haben aber einen kürzeren Schwanz und sind gedrungener gebaut. Bei den Finken gibt es einige Arten, z. B. Buchfink, Bergfink, Grünling und Hänfling, die wie Webervögel Nahrung suchen. Ammern *(Emberizidae)* bewohnen verschiedene Biotope, z. B. Waldmoore, lichte Wälder, Ackerland und Schilfseen. Haben oft typischen Körnerfresserschnabel.

Wasseramseln Familie Cinclidae

Wasseramsel *Cinclus cinclus* Abbildung s. Seite 95 18 cm

Kommt an schnell fließenden Gewässern, am liebsten an steinigen Bächen und Stromschnellen vor, im Winter auch an langsamer fließenden Flüssen. Wird vor dem Hintergrund von Steinen, Schaum und dunkel strömendem Wasser leicht übersehen; verrät sich oft erst durch den Flugruf, ein scharfes, kratzendes „stritts“. Fliegt auf schwirrenden Flügeln dicht über dem Bachbett, stürzt sich plötzlich in das reißende Wasser und taucht, indem sie die kurzen Flügel als Flossen benutzt, bis auf den Grund, wo sie umherläuft und allerlei Insektenlarven, Schnecken, Fischlaich usw. sucht. Dann schießt sie wie ein Kork zur Wasseroberfläche empor und läßt sich mit halb ausgebreiteten Flügeln ein Stückchen bachabwärts treiben, ehe sie davonfliegt. Der leise Gesang besteht aus unregelmäßigen Strophen von knarrenden und zwitschernden Tonfolgen. Die skandinavische Rasse hat im Gegensatz zu den mitteleuropäischen und britischen kein Braunrot auf dem Bauch.

Feldlerche
Wiesenpieper
Haussperling ♀
Hänfling ♀
juv. Herbst
Steinschmätzer ♀
Grauammer
Bartmeise ♀
Uferschwalbe
Teichrohrsänger
Saatkrähe
Beutelmeise juv.

Lerchen Familie Alaudidae

Feldlerche *Alauda arvensis* 18 cm

Auf dem Boden recht schwer zu sehen. Farbton des Gefieders variiert erheblich von ganz blaß beige-sandfarben bis braunrot (bei manchen frischvermauserten Herbstvögeln). Wirkt manchmal gedrungen, manchmal ganz schlank und pieperähnlich; sträubt oft Scheitelfedern zu deutlicher Haube. Im bogenförmigen Flug, bei dem flatternde Flügelschläge mit Gleitflügen abwechseln, ist der weiße Hinterrand der Flügel deutlich sichtbar. Flugruf ein angenehmes, variables „tchriüp", „trrüwi" oder dergleichen. Gesang unverwechselbar, ein nicht endender Fluß von trillernden und lallenden Tonfolgen, oft mit eingestreuten Nachahmungen, meist im Fluge in großer Höhe, seltener von einem Sitzplatz aus vorgetragen. Kommt in offener, baumloser, häufig in der Ackerbaulandschaft vor. Lebt von Pflanzenteilen, Sämereien, Insekten, Spinnen und anderen Kleintieren.

Heidelerche *Lullula arborea* 15 cm

Gekennzeichnet durch kurzen Schwanz und auffallende helle Spitzen an Nebenflügel und Handdecken. Beide Merkmale auch im Flug gut zu sehen. Dieser ist langsam und federnd, Serien flatternder Flügelschläge wechseln mit Phasen mit ganz angelegten Flügeln. (Man beachte, daß junge, eben flügge Feldlerchen auch einen sehr kurzen Schwanz haben.) Lockruf ein angenehmes, flötendes „düdluit", ohne den r-Laut der Feldlerche. Gesang ebenfalls weich flötend und jodelnd. Die Heidelerche kommt in Heide- und Ackerbaugebieten mit spärlichem Baumbestand, auf Lichtungen und Bergwiesen usw. vor, auf dem Zuge auch in ganz offenem Gelände; vermischt sich jedoch nicht gern mit Feldlerchenschwärmen. Nahrung ähnlich Feldlerche, aber mit größerem Insektenanteil.

Haubenlerche *Galerida cristata* 17 cm

Zu erkennen an der spitzen Haube, dem kräftigen Schnabel und der verschwommenen Zeichnung des Rückens, im Fluge an dem kurzen Schwanz mit rostroten Außenkanten, den breiten Flügeln und dem sehr weichen, flatternden Flügelschlag. Beim Auffliegen hört man meist ein „dü-i", in manchen Situationen auch ein variiertes, weich flötendes „tüi-tüü-tiuu", nicht unähnlich dem Ruf der Heidelerche. Gesang langsamer und meist deutlicher als bei der Feldlerche, auch wird das Motiv nicht in langen Serien wiederholt; Nachahmungen werden ebenfalls hineinverwoben. Singt von einem erhöhten Sitzplatz aus, aber auch im Flug in großer Höhe. Die Haubenlerche ist in Nord- und Mitteleuropa so etwas wie ein „Hinterhofvogel", sie liebt die kahlen, trockenen, oft sandigen, halbwüstenähnlichen Biotope, die man an Straßenrändern, Eisenbahngleisen, im Industriegelände und um Lagerhallen, auf Sportplätzen usw. findet. Nahrung ähnlich Feldlerche, aber weniger Insekten.

Feldlerche

Heidelerche

Haubenlerche

Feldlerche
juv.
Heidelerche
Haubenlerche

Schwalben Familie Hirundinidae

Rauchschwalbe *Hirundo rustica* 19 – 22 cm
Altvögel sind leicht an den (beim Weibchen etwas kürzeren) verlängerten äußeren Schwanzfedern zu erkennen Bei Jungvögeln im Herbst sind sie nur etwa 1 cm lang, diese haben auch eine hellere, mehr beige Stirn und Kehle sowie ein graubraunes Brustband. Stimme ein munteres, klingelndes „witt" oder „witt-witt". Gesang oft eindrucksvoll, ein anhaltendes Kristallgezwitscher mit eingewobenen Nachahmungen, hin und wieder mit einem typischen Türangelquietschen abgerundet. Die Rauchschwalbe ist am häufigsten in der Kulturlandschaft mit Dörfern und Bauernhöfen. Auf dem Zuge sammeln sich oft große Schwärme zusammen mit anderen Schwalbenarten über Sümpfen und Schilfseen, wo es viele Fluginsekten gibt. Übernachtet auch oft im Schilf. Baut ihr Nest, eine halbe „Tasse" aus Lehm, unterm Dach, auf Balken, in Nischen usw. in Kuhställen, Scheunen und anderen Gebäuden und unter Brücken. Zieht nach Afrika.

Mehlschwalbe *Delichon urbica* 14,5 cm
Jederzeit am weißen Bürzel zu erkennen. Jungvögel im Herbst haben eine dunkle Schattierung an den Brustseiten, so daß sie von vorn Uferschwalben ganz ähnlich sehen. Stimme ein helles, kratzendes „prrit". Der meist von einem Telefondraht aus vorgetragenc lallende Gesang ist eine Variation über dasselbe Thema. Brütet in Kolonien an Gebäuden und Felswänden. Kommt in sehr verschiedenen offenen und halboffenen Landschaften vor, oft am Wasser, aber nicht unbedingt in Siedlungen. Nahrung wie Rauchschwalbe, jagt aber meist in höheren Luftschichten.

Uferschwalbe *Riparia riparia* 13,5 cm
Das Brustband, die mattbraune Oberseite und die teilweise dunklen unteren Flügeldecken machen die Uferschwalbe leicht kenntlich. Sie hat auch eine charakteristische Stimme, ein trockenes, vokalloses Kratzen. Die Uferschwalbe brütet in Kolonien in selbstgegrabenen Höhlen in sandigen Steilhängen, meist in Sandgruben oder an Flußufern; daher ist ihr Vorkommen lokal begrenzt. Ihre Nahrung sucht sie oft über Flüssen, Teichen, Flachlandseen und anderen Gewässern; wie die übrigen Schwalben fängt sie fliegende Insekten und Spinnen. Oft fliegt sie dicht über dem Wasser und trinkt im Flug und badet, indem sie in die Wasseroberfläche eintaucht. Sie brütet zweimal im Jahr. Vom Mittsommer an sieht man große Ansammlungen von Uferschwalben (die Jungen der ersten Brut), vor allem an Schlafplätzen im Schilfgürtel. Den ganzen Herbst über erkennt man die Jungvögel an ihrem hell geschuppten Gefieder. Überwintert im tropischen Afrika südlich der Sahelzone.

Rauchschwalbe

Mehlschwalbe

Uferschwalbe

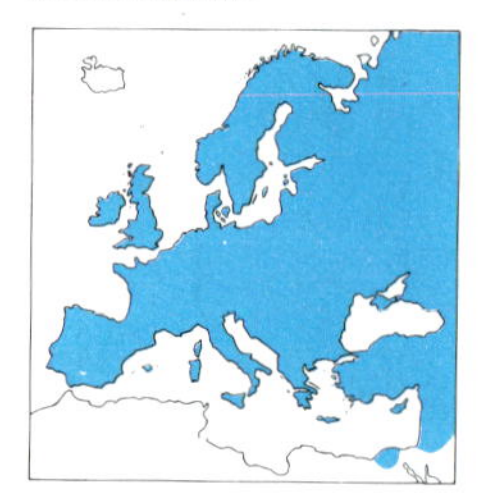

Ufer-
schwalbe
Mehl-
schwalbe
Rauchschwalbe
Mehlschwalbe
juv.
Mehlschwalbe
Rauchschwalbe
Uferschwalbe
juv.
Mehlschwalbe juv.
Mehlschwalbe

Baumpieper *Anthus trivialis* 15 cm

Vorwiegend an Wald gebunden, rastet aber auf dem Zug – nicht selten zusammen mit dem Wiesenpieper – auf Wiesen und an Seeufern. Wie bei den übrigen Piepern ist der Lockruf das wichtigste Kennzeichen – ein rauhes „psieh“ oder „zieh“, das er beim Auffliegen oder im Flug hören läßt. Die verschwommenere, etwas verwaschene, dunkle Rückenzeichnung, das deutlich abgezeichnete helle Feld zwischen Bartstreif und Wange sowie der eine Spur längere und kräftigere Körper tragen u. a. zur Unterscheidung vom Wiesenpieper bei. Im Frühjahr ist die Oberseite mehr grau getönt.

Wiesenpieper *Anthus pratensis* 14,5 cm

Einer der häufigsten Singvögel der offenen Landschaft, aber zugleich der unscheinbarste. Man erlebt ihn meist als ein kleines Vögelchen, das einige zehn Meter vor einem hochfliegt, eine Zeitlang mit anhaltendem „psit, psit ...“ auf der Stelle flattert, um dann in ruckartigem Flug niederzugehen und wieder im Gras zu verschwinden. Der Kontakt zwischen nicht beunruhigten Vögeln wird meist durch ein fein tschilpendes „tchütt“ oder „tschitt“ aufrechterhalten, das man oft lebhaft und laut vom fliegenden Schwarm oder von den „Pünktchen“ auf einem Telefondraht oder ähnlichem Lieblingssitz hört. Im Streit klingt es etwas gedehnt und vibrierend (vgl. Rotkehlpieper). Auch ein hell klingendes, heckenbraunellenartiges „tsitsitsi“ und ein mürrisches „tschütt-ütt-ütt ...“. Warnt mit anhaltendem „stitt-itt“. Der Gesang besteht meist aus drei bis vier Teilen: immer schneller werdende „tsip“, langsamere, stärker gedehnte „tsüht“ und ein schwirrender Triller, meist in dieser Reihenfolge in erst ansteigendem, dann langsam fallendem Singflug vorgetragen. Brütet und rastet auf offenem oder halboffenem Wiesen- oder Heideland. Kommt häufig in Feuchtgebieten, an Seeufern usw. vor. Lebt von allerlei Insekten und anderen Kleintieren, ausnahmsweise von Sämereien.

Rotkehlpieper *Anthus cervinus* 14,5 cm

Nur Zuggast, gewöhnlich im Mai und September, auf dem Weg von und zu den Überwinterungsgebieten im tropischen Afrika (vor allem Ostafrika). Rastet in den gleichen Gebieten wie Wiesenpieper; verrät sich meist erst durch die Stimme, ein einzelnes, langgedehntes, scharfes, zuweilen ein wenig rauhes „spiiih“, manchmal, meist ganz leicht vibrierend, „spüüüh“. Farbe und Zeichnung der Unterseite variieren im Frühjahr sehr; sie ist bei manchen Vögeln heller und nur schwach rot getönt. Das ganze Jahr hindurch unterscheidet ihn jedoch die deutliche Zeichnung des Rückens und der Flanken, zum Teil (im Herbst) auch der Brust, vom Wiesenpieper. Die kräftige Streifung auf Bürzel und Unterrücken (vgl. Wiesenpieper) ist allerdings im Feld oft schwer zu sehen.

Baumpieper

Wiesenpieper

Rotkehlpieper

Baumpieper
Herbst
Wiesenpieper
juv. Herbst
Herbst
Wiesenpieper
Sommer
Herbst
Rotkehlpieper
Sommer

Brachpieper *Anthus campestris* 16,5 cm

Sofort an der Größe und am hellen, fast ungestreiften, sandfarbenen Gefieder zu erkennen. Manche Vögel haben jedoch eine ziemlich deutlich gestreifte Brust. Im Herbst ist die Oberseite etwas dunkler braungrau, und manche Jungvögel, die noch einige juvenile Federn behalten haben, haben eine deutlich gefleckte Unterseite. Sie können möglicherweise mit dem ostasiatischen Spornpieper *(A. novaeseelandiae),* 18 cm, verwechselt werden, der im September/Oktober sehr selten in offenem Gelände, vor allem auf Strandwiesen, in Europa angetroffen wird. Dieser ist jedoch so groß wie eine Feldlerche und auf Mantel und Brust deutlich gestreift; auch hat er einen charakteristischen, weittragenden rauhen Lockruf „r-r-ripp". Weibchen der Schafstelze im ersten Winterkleid erinnern etwas an Brachpieper, haben aber immer etwas Gelb an Bauch und Unterschwanzdecken. Lautäußerungen recht abwechslungsreich, u. a. ein langgedehntes „tsiip", ein haussperlingähnliches „tschilp", ein kurzes „tschüp" usw. Der Gesang, ein langsam wiederholtes, etwas wehmütiges, metallisches, zum Schluß etwas rollendes „zirüih", wird entweder im typischen Singflug mit langen, tiefen Bögen oder von einem erhöhten Sitzplatz aus vorgetragen. Brütet in trockenem, heideartigem Gelände mit lichtem Bewuchs und freien Erd- oder Sandflächen, am liebsten mit einigen kahlen (toten) Bäumen oder Büschen. Hat u. a. Kahlschläge, selbst trockenes Ackerland und Weinberge besiedelt. Lebt vorwiegend von Insekten.

Bachstelze *Motacilla alba* 18 cm

Die einzige rein schwarz-weiß-graue Stelze. Nach der Mauser im August/September liegt jedoch bei vielen ein gelber Anflug über den weißen und – bei Jungvögeln – ein olivgrüner über den grauen Gefiederteilen. Allgemein im Herbst sehr unterschiedlich in Färbung und Zeichnung. Das Weibchen hat im Frühjahr einen grauen Nacken; das Grau geht auf dem Scheitel in Schwarz über. Auf den Britischen Inseln und lokal an den gegenüberliegenden Küsten des Festlandes brütet die Rasse *yarellii,* bei der die grauen Gefiederteile dunkler sind. Das adulte Männchen ist oberseits und an den Flanken (hier nicht immer zu sehen) ganz schwarz. Jungvögel und manche Weibchen im Herbst sind jedoch nicht von der kontinentalen Rasse *alba* zu unterscheiden. Lockruf ein scharfes, wohlklingendes „pe-witt" oder „tsli-witt". Gesang etwas hastig zwitschernd mit lockrufähnlichen Tönen. Die Bachstelze kommt in den meisten Biotopen vor, verlangt aber freie, sonnige Flächen, wo es reichlich Insekten und anderes Gewürm gibt. Brütet oft nahe am Wasser, in Schlupfwinkeln an Brücken, Landungsstegen, Uferböschungen usw.

Brachpieper

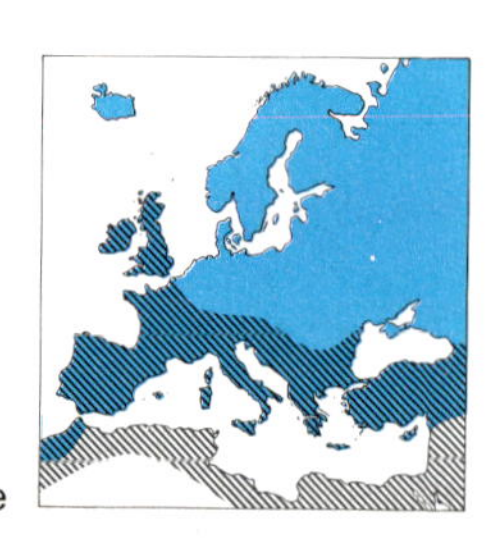

Bachstelze

juv.
Brachpiepser ♂
Rasse *alba*
Sommer
Bachstelze
Rasse
yarellii
Winter
juv. Herbst

Gebirgsstelze Schafstelze

Gebirgsstelze *Motacilla cinerea* 18 cm

Ist an fließendes Wasser gebunden und kommt zuweilen mit der Wasseramsel an Stromschnellen und in steinigen B æhbetten vor. Unterscheidet sich von der Schafstelze durch deutlich längeren Schwanz, ganz grauen Rücken und dunklere, abstechende braunschwarze Flügel. Bei jungen Weibchen im Herbst ist nur der Steiß (Schwanzansatz) gelb. Im Fluge fällt der lange Schwanz auf, bei manchen auch die weiße Flügelbinde. Sie ist elegant und schnell in ihren Bewegungen und ein Meister in der Jagd nach Insekten zwischen Steinen und Rinnsalen. Schwanz und Hinterleib scheinen ständig mit wechselnder Geschwindigkeit auf und ab zu schaukeln, sobald der Vogel stehen bleibt. Die Stimme ist der der Bachstelze ähnlich, aber schärfer, deutlicher artikuliert und höher „stitt“ oder „zti-titt“. Der Gesang besteht aus gereihten, lockrufähnlichen Tönen.

Schafstelze *Motacilla flava* 16,5 cm

Brütet in Europa in zahlreichen Rassen mit recht unterschiedlicher Kopfzeichnung. In weiten Teilen Nord- und Mitteleuropas brütet die Rasse flava, auf den Britischen Inseln *flavissima* (Weibchen ähnlich Männchen, aber bedeutend blasser), im Norden Skandinaviens und der Sowjetunion *thunbergi* (ähnlich *flava,* aber ohne weißen Überaugenstreif und mit schwärzeren Ohrdecken). Vögel auf dem Herbstzug, die im August/September zahlreich auftreten, weisen große Farbunterschiede auf, aber der kürzere Schwanz, die hellen Federsäume der Flügeldecken und der graubraungrüne Rücken unterscheiden sie jederzeit von der Gebirgsstelze. Die Stimme ist angenehm, meist ein gedehntes „zieh“, ein etwas rollendes „zrrie“, ein hell klingendes, heckenbraunellenartiges „zis-sis-si“ oder ein kurzes „psit“. Der Gesang ist eine etwas tschilpende Reihung von Lockrufen und wird meist mit herausgereckter Brust vorgetragen (s. Abb.). Sie ist ein Wiesenvogel, brütet und rastet auf üppigem, feuchtem Wiesenland oder am Rande von Sümpfen; im Herbst oft auf Viehweiden, wo ihr Rinder und Pferde als Treiber beim Aufscheuchen von Insekten dienen, die ihre Nahrung bilden.

Gebirgsstelze

Schafstelze

♂
Gebirgsstelze ♀
Rasse *flava*
♂
♂
Rasse
flavissima
Rasse flava ♀ Herbst
Schafstelze
Rasse *flava*
juv. ♀ Herbst

Nebelkrähe Saatkrähe

Krähenvögel Familie Corvidae

Aaskrähe *Corvus corone* 47 cm

Rabenkrähe *(C. c. corone)* und Nebelkrähe *(C. c. cornix)* sind Rassen derselben Art und können Bastarde bilden. Erstere ist leicht mit jungen Saatkrähen (s. u.) zu verwechseln, unter Umständen auch mit der Dohle *(Corvus monedula)*, 33 cm, die auch auf Feldern und Wiesen vorkommt Diese ist jedoch nur reichlich halb so groß und hat einen grauen Nacken und eine charakteristische weißgraue Iris. Die Aaskrähe kommt in den meisten Biotopen vor; man sieht sie häufig in Gruppen oder in größeren Flügen auf Sturzäckern und Feldern Nahrung suchen. Da sie sich im Frühjahr und Sommer zum großen Teil von Vogeleiern und Jungvögeln ernährt, leben an vogelreichen Flachlandseen oft einige Krähenpaare als Standvögel. Sie sind Allesfresser und verzehren auch Insekten, Kleintiere, Aas und Abfall.

Saatkrähe *Corvus frugilegus* 47 cm

Die Saatkrähe ist in höherem Maß als die Aaskrähe an die offene Kulturlandschaft gebunden. Man sieht sie oft auf kurzgrasigen Wiesen Nahrung suchen. Der schaukelnde Gang, die steile Stirn und der lange Schnabel (wirkt lang wegen der unbefiederten grauen Schnabelwurzel), oft auch die weiten „Hosen" sind charakteristisch. Jungvögel sind oft erstaunlich schwer von Rabenkrähen zu unterscheiden, da sie bis zum Alter von rund einem Jahr dunkle Federborsten am Oberschnabel haben; diese Borsten machen jedoch einen etwas anderen Eindruck als bei der Rabenkrähe (s. Abb.). Die Saatkrähe hat ferner einen spitzeren Oberkopf, und ihr Flügel ist (ebenso wie das ganze Gefieder und der Körper) etwas „schlaffer", so hängen z. B. Nebenflügel und Handdecken oft etwas herab. Die Stimme ist nasaler und einförmiger als die der Aaskrähe. Lebt je zur Hälfte von tierischer und pflanzlicher Nahrung; raubt auch Vogeleier und Jungvögel.

Nebelkrähe

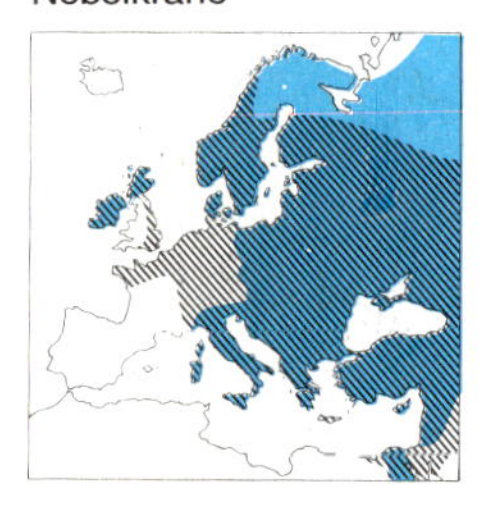

Rabenkrähe

Saatkrähe

Nebelkrähe
Rabenkrähe

juv.
Saatkrähe

Grasmücken Unterfamilie Sylviinae

Rohrschwirl *Locustella luscinioides* 14 cm

Unterscheidet sich von Feld- und Schlagschwirl durch mehr rohrsängerähnliches Aussehen und durch den andersgearteten Biotop. Weniger heimlich als Feldschwirl. Von Sumpf- und Teichrohrsänger unterscheiden ihn die etwas ruckartigen Bewegungen, der zuckende Schwanz und die Neigung, sich bei Störungen in das Pflanzengewirr fallen zu lassen. Kommt nur in der Ufervegetation vor, meist im Schilf; singt auch von einem Schilfhalm aus. Gesang ähnlich wie Feldschwirl, aber schneller, tiefer, ein nahezu tonloses Surren, scheint auch singfreudiger und singt bei Tage oft kurze Strophen, nachts jedoch auch anhaltend. Lockruf ein abgehacktes „pitsch“, bei Erregung ein hartes Schnattern.

Schlagschwirl *Locustella fluviatilis* 13,5 cm

Die Kombination von ungestreifter graubrauner Oberseite und gestreifter Brust unterscheidet ihn von Feld- und Rohrschwirl; hat ferner ungewöhnlich lange Unterschwanzdecken mit hellen Spitzen. Ist jedoch heimlich und schwer zu entdecken, außer durch den Gesang. Dieser ist anhaltend und mechanisch wie beim Feldschwirl, aber langsamer und mehr auf und ab gehend wie eine Nähmaschine „zezezezeze . . .“, mit deutlich getrennten Silben; er ist oft sehr eindrucksvoll und erinnert stark an das Lied einer Laubheuschrecke. Der Singplatz liegt durchweg höher als beim Feldschwirl, 2 – 4 cm hoch in einem Weidenbusch, einer Erle oder einem anderen Baum. Kommt im Bruchwald, im Weidengestrüpp, in Erlenbeständen oder in ähnlichen Biotopen an langsam fließenden Flüssen, Teichen oder anderen Gewässern vor. Seltener Brutvogel an verschiedenen Stellen im östlichen Mitteleuropa. Siehe auch Seidensänger S. 96.

Feldschwirl *Locustella naevia* 13 cm

Ein kleiner, schwer zu entdeckender Sänger, der im Pflanzengewirr, Gras und niedrigem Gebüsch umherkriecht und sich meist erst durch den Gesang verrät. Wenn man ihn auf einer üppigen Wiese hochmacht, fliegt er ruckartig ein Stückchen weiter. Wirkt dunkel, matt olivfarben, und hat einen abgerundeten Schwanz sowie einen wenig hervortretenden Überaugenstreif; die Farbe der Unterseite variiert etwas. Ist heimlich, aber keineswegs scheu, und klettert zuweilen fast neugierig im Pflanzengewirr empor, dabei eifrig mit dem Schwanz zuckend (typisch für alle Schwirle). Läßt zuweilen einige harte, schwach explosive „stitt“-Rufe hören. Der Gesang ist ein monotones, heuschreckenartiges Schwirren, das mit kurzen Pausen stundenlang andauern kann. Singt von einem niedrigen Strauch oder einer hohen Staude aus, am eifrigsten in der Dämmerung. Kommt auf üppigen Wiesen und an Sumpfrändern, oft an Kanalböschungen und an Gräben vor. Lebt von Insekten.

Rohrschwirl

Flußschwirl

Feldschwirl

Rohrschwirl
Flußschwirl
Feldschwirl

Buschrohrsänger *Acrocephalus dumetorum* 12,5 cm
Außer am Gesang sehr schwer vom Sumpfrohrsänger zu unterscheiden, hat jedoch etwas kürzere Flügel und durchweg dunklere Beine und Schnabel. Auf dem Höhepunkt ist der Gesang sehr laut und volltönend, von dem des Sumpfrohrsängers gut zu unterscheiden durch ruhiges Tempo und deutliche Pausen sowie dadurch, daß jede Strophe fünf- bis achtmal wiederholt wird, was ihm einen singdrosselartigen Charakter verleiht; spottet meisterhaft. Bei geringerer Erregung ist der Gesang, wie bei den meisten Sängern, langsamer, mit noch deutlicheren Pausen. Kann mit „normal“ singendem Sumpfrohrsänger und vor allem mit Gelbspötter verwechselt werden. Singt am lebhaftesten des nachts, oft 3 – 5 m hoch in einem Busch oder Baum, zuweilen von einem ganz freistehenden Zweig. Lockruf ein ganz weiches, zwei- bis dreimal wiederholtes „tschäck“ und ein schärferes „tick, tick-tick“, bei Störungen ein hartes „tschack“ und ein fast schilfrohrsängerartiges „trrt“. Kommt in gebüschreichem Gelände mit reichem Unterwuchs vor, ist also nicht auf Sumpfvegetation angewiesen.

Sumpfrohrsänger *Acrocephalus palustris* 12,5 cm
Sehr schwer vom Busch- und meist sogar vom Teichrohrsänger zu unterscheiden, besonders Jungvögel im Herbst, deren Bürzel etwas wärmer braunbeige ist. Im Frühjahr oft sehr hell, oben grünlich graubeige, die ganze Unterseite gleichmäßig weißlich zitronenbeige. Beine hell, Gesichtsausdruck „sanft“. Gesang sehr lebhaft und voller Nachahmungen, Vollgesang fließend und volltönend, mit Trillern und Tonreihen, die an Blaukehlchen erinnern, manchmal aber auch langsamer; typisch sind eingestreute, wiederholte, nasale „tzä-bii“ und schnell gereihte Schwirrlaute. Beide Geschlechter singen. Lockruf ein kurzes, hartes „tcheck“. Liebt vor allem üppige Krautvegetation, z. B. Brennesseln und Doldengewächse. und ist daher vorwiegend an Gräben und halbverlandeten Teichen, in unkrautüberwucherten Gärten und selbst an Seeufern anzutreffen, manchmal in unmittelbarer Nachbarschaft des Teichrohrsängers; in Mitteleuropa auch in Getreidefeldern.

Teichrohrsänger *Acrocephalus scirpaceus* 12,5 cm
Hat eine wärmere und dunklere Oberseite, eine dunklere Brust, dunklere Beine und eine flachere Stirn bzw. Scheitel als der Sumpfrohrsänger – sieht „frecher“ aus. Hat keinen deutlichen Überaugenstreif und keinen „scharfen“ Mundwinkel wie der Schilfrohrsänger. Der Gesang ist einförmig und abgehackt; ein Strom von meist harten, schnarrenden, nasalen, stets r-haltigen kurzen Tönen, die zwei- bis viermal wiederholt werden („terr-terr-terr, terreterre-terr“), mit eingeschobenen Spottlauten. Gleicht am meisten dem Gesang des Schilfrohrsängers, ist aber langsamer und ohne dessen Tempowechsel und helle klangvolle Triller. Lockruf ein leises „tscherr“. Brütet im Schilf, auf dem Zug sieht man ihn aber oft auch im Gebüsch und dergleichen nach Insekten suchen.

Buschrohrsänger

Sumpfrohrsänger

Teichrohrsänger

Buschrohrsänger
juv. Herbst
Sumpfrohrsänger
juv. Herbst
Teichrohrsänger

Drosselrohrsänger *Acrocephalus arundinaceus* 19 cm
Etwas kleiner als Singdrossel. Wirkt im Unterschied zum Teichrohrsänger kräftig und ansehnlich, wenn er im Röhricht umherklettert: Im Flug fällt der von der übrigen Oberseite leicht abstechende warmbeige Bürzel auf. Der Gesang ist unwahrscheinlich laut und grob. In der Form ähnelt er dem des Teichrohrsängers; er besteht aus ein- bis dreimal wiederholten Motiven, teils harten Knarrlauten, teils hohen Falsettpfiffen und Knirschlauten. Ferner sind die Strophen kürzer und deutlich abgesetzt; sie werden meist mit zwei harten Knarrlauten auf k eingeleitet, z. B. „krr-krr, tsiep, kerretsiepp, tsiee, tsiee, kerre-kerre, krik-krik-krik, tchi-tchi ...". Kommt in Schilfbeständen vor, sowohl an kleineren Teichen und Kanälen wie an großen Schilfseen. Verzehrt Insekten und ihre Larven, Spinnen, Kleinfische und andere Kleintiere, im Herbst auch Beeren.

Schilfrohrsänger *Acrocephalus schoenobaenus* 13 cm
Außer vom seltenen Seggenrohrsänger und dem mehr südeuropäischen Mariskensänger ist der Schilfrohrsänger im Feld sehr leicht zu unterscheiden. Im Sommer ist die Oberseite oft recht blaß, der weiße Überaugenstreif zusammen mit dem dunklen Strich durch Auge und Mundwinkel sowie der dunkle Scheitel, das helle Flügelfeld und der rostfarbene Bürzel sind die auffälligsten Kennzeichen. Jungvögel im Herbst haben oft einen deutlich braunbeigen Scheitelstreif und eine schwach gefleckte Brust. Der Gesang gleicht in den rauhen, karrenden Teilen dem des Teichrohrsängers, ist aber eiliger und enthält lange klangvolle Triller und Tonfolgen; oft wird er mit schneller werdendem knarrenden „trr" eingeleitet. Singt meist von einem Busch aus und führt oft mitten im Lied einen kurzen, flatternden Singflug aus. Lockruf ein hartes, klappergrasmückenartiges „tschäck" und ein helles, knarrendes „trr". Nahrung vorwiegend Insekten und deren Larven.

Seggenrohrsänger *Acrocephalus paludicola* 12,5 cm
Unterscheidet sich vom Schilfrohrsänger durch die deutliche, zu allen Zeiten auffälligere Streifung auf Kopf und Rücken, im Frühjahr auch auf der Brust und an den Flanken. Jungvögel im Herbst auffallend strohgelb. Verhalten erinnert an Feldschwirl, da er recht heimlich ist und sich am liebsten in der unteren Krautschicht und am Boden aufhält. Der Gesang ähnelt dem des Schilfrohrsängers, ist aber langsamer und hat kürzere, gleichförmigere Strophen. Lockruf wie Schilfrohrsänger. Selten auf nassen Sumpfwiesen, in Sumpfgelände und an Gewässern mit zusammenhängenden Seggenbeständen. Oft an Stellen mit etwas Schilf und Weidenbüschen, dann nicht selten Nachbar des Schilfrohrsängers. Winterquartier und Zugwege weitgehend unbekannt. Tritt im August/September (selten) in Westeuropa auf (vor allem Jungvögel). Der Gesamtbestand in Mitteleuropa ist sehr gering.

Drosselrohrsänger

Schilfrohrsänger

Seggenrohrsänger

Drosselrohrsänger
Schilfrohrsänger
Seggenrohrsänger
juv. Herbst

Drosseln Unterfamilie Turdinae

Braunkehlchen *Saxicola rubetra* 12,5 cm

Präsentiert sich gern auf einem erhöhten Platz, ist aber leicht zu übersehen, da das bunte Gefieder oft mit dem Hintergrund verschwimmt. Der breite, helle Überaugenstreif, die helle Kehle, der oft „gesprenkelte" Rücken und der sehr kurze, oft zuckende Schwanz unterscheiden es vom Schwarzkehlchen, ebenso die (vor allem im Frühjahr) im Flug auffallende weiße Schwanzzeichnung. Im Herbst sind alle „gesprenkelt", variieren aber in der Farbe von graubeige bis kräftig ockerrot. Gesang sehr variabel, oft unzusammenhängend und „launenhaft". Das Grundgerüst ist ein schnelles, gedehntes, knisterndes Gezwitscher, aber meist werden Nachahmungen eingestreut. Wird leicht verwechselt oder übersehen, wenn es auf der Spitze einer Distel sitzt und mit Nachahmungen und eigenen „knirr"-Lauten vor sich hin „plaudert". Warnt beharrlich mit einzelnen „jü teck-teck". Brütet in offenen Wiesen, am zahlreichsten, wenn sie üppig und von Gräben durchzogen sind, auf trockenen Mooren, aber auch auf heideartigem Gelände. Lebt von allerlei Kleintieren, die vom Boden oder von Blüten aufgelesen werden.

Schwarzkehlchen *Saxicola torquata* 12,5 cm

Im Frühjahr unterscheiden sich beide Geschlechter vom Braunkehlchen durch dunkle Kehle (bei Weibchen mitunter graubeige), Fehlen des hellen Überaugenstreifs und längeren, ganz dunklen Schwanz. Im Herbst haben Jungvögel eine helle Kehle, einen deutlichen Überaugenstreif und einen undeutlich gezeichneten Rücken. Die Oberseite der Männchen variiert von „weibchenfarbig" bis rein schwarz. Der Gesang ist ein schnelles zwitscherndes Geleier, das in der Form an die Dorngrasmücke erinnert; singt zuweilen in schnellem, tanzendem Singflug. Ruft bei Erregung oder Störung „witt track-track"; der Schlußteil klingt etwas hohl. Kommt in offenem und halboffenem Gelände vor (durchweg trockenerem und sandigerem als Braunkehlchen), oft in gebüschreichem Heideland, in Westeuropa auch auf Berghängen am Meer. Nahrung wie Braunkehlchen, sucht sie aber fast nur am Boden. Sitzt gern auf Steinen.

Braunkehlchen

Schwarzkehlchen

♀
♂
Braunkehlchen
♂ Herbst
♀ juv.
Herbst
♂
♀
Schwarzkehlchen

Steinschmätzer Blaukehlchen

Steinschmätzer *Oenanthe oenanthe* 15 cm

Unverkennbar. (Im Mittelmeergebiet und in Asien gibt es allerdings eine Reihe von Steinschmätzerarten mit ganz ähnlicher Schwanzzeichnung.) Im Herbst sehr unterschiedlich gefärbt, so daß Geschlecht und Alter schwer zu bestimmen sind; Vögel mit weißem Überaugenstreif, schwarzem Zügel, grauer Oberseite mit braunem Anflug und cremeoranger Unterseite (d. h. ähnlich wie im Frühjahr) sind jedoch immer ad. Männchen. Einjährige Männchen im Frühjahr haben braune, nicht schwarze Flügel. Jungvögel mausern im Juli/August ins Herbstkleid. Der Gesang ist ein holpriges Geleier wie von knirschenden Kieseln, von unterschiedlicher Länge, manchmal recht anhaltend; er wird stets mit einigen Lockrufen eingeleitet: harte, aber gleichzeitig etwas saugende „hiht"-Rufe; die manchmal auch in den Gesang verwoben werden, ebenso wie Nachahmungen. Singflug. Bei Störungen „tjack". Verbreitet in offenem, mit Steinen durchsetztem Gelände aller Art. Lebt von Insekten.

Blaukehlchen *Luscinia svecica* 14 cm

Kommt spärlich an sumpfigen Grabenrändern und Seeufern, im Weidengestrüpp usw. vor. Die in Mittel- und Südeuropa brütende Rasse *(cyanecula)* hat einen weißen Kehlfleck, die in Nordskandinavien und Nordrußland brütende *(svecica)* einen roten. Bei Herbstvögeln und Weibchen im Frühjahr variiert die Färbung der Kehle erheblich, manchmal warm ockerfarben. Heimlich, hüpft meist auf dem Boden umher; zuckt oft mit dem Schwanz. Neigt dazu, den „Brustschmuck" vom Beobachter abzuwenden, verrät daher seine Art oft zuerst durch die Schwanzzeichnung. Vollgesang ein unaufhörliches Sprudeln heller, zart klingender Töne, ein rasch trippelndes und trillerndes, oft schneller werdendes Glöckchengeläut, z. B. „tritritritritri . . ." oder „tingtingtingting . . ." mit eingestreuten Spottlauten. Der Lockruf wird ebenfalls eingeflochten, ein hartes, aber etwas dünnes, schmalzendes „tschack", oft auch „si tschack-tschack". Ernährt sich von Insekten, gelegentlich auch von Beeren und Früchten.

Steinschmätzer

Blaukehlchen

Steinschmätzer
juv.
♂
♀
Steinschmätzer
♀ juv.
Herbst
juv.
♂ Herbst
♂ weißsternig
♂ juv.
Herbst
Blaukehlchen ♀

Timalien Unterfamilie Timaliinae

Bartmeise *Panurus biarmicus* 16,5 cm
Unverkennbar. Ad. Weibchen haben mitunter einen dunklen Zügel, selten auch eine mehr oder weniger ausgedehnte dunkle Zeichnung auf dem Scheitel; ein dunkler Strich auf dem Rücken ist beim Weibchen häufig. Jungvögel mausern im Juli/September ins Alterskleid. Verrät sich oft durch ein typisches metallisches „tüing" und „ping", das oft schnell und nervös wiederholt wird, und dem zuweilen ein gedehntes, rollendes „tschirrr" folgt. Gesang ein leises dreisilbiges Knirschen. Fliegt meist langsam und weich mit schwirrendem Flügelschlag dicht über dem Schilf, wobei der lange nachschleppende Schwanz auffällt. Sehr starke Vermehrung, drei bis vier Bruten im Jahr. Zeitig geschlüpfte Junge können im selben Jahr brüten, jedoch ist die Populationsstärke infolge hoher Winterverluste großen Schwankungen unterworfen. Lebt von Insekten und Spinnen, während eines großen Teils des Jahres u. a. auch von Schilfsamen.

Beutelmeisen Familie Remizidae

Beutelmeise *Remiz pendulinus* 11 cm
Erinnert an eine Meise und ist nicht scheu, aber etwas heimlich. Verrät sich das ganze Jahr über in den meisten Fällen durch ein zartes, ziehendes „ziiii" oder „ziiiü". Der leise, fast tannenmeisenartige Gesang besteht aus langsamen Abwandlungen des Lockrufs. Soll auch spotten. Baut ein großes, kunstvolles, beutelförmiges Nest, das am äußersten Ende eines meist über dem Wasser hängenden Zweiges befestigt wird. Ein Hauptbestandteil des Nestes sind die Samenflocken des Rohrkolbens, da die Beutelmeise an verlandeten Teichen, Sumpfrändern, Flußufern und ähnlichen Orten brütet, wo es Rohrkolben und zugleich Bestände von Weiden, Pappeln oder anderen Bäumen gibt. Lebt vorwiegend von Insekten.

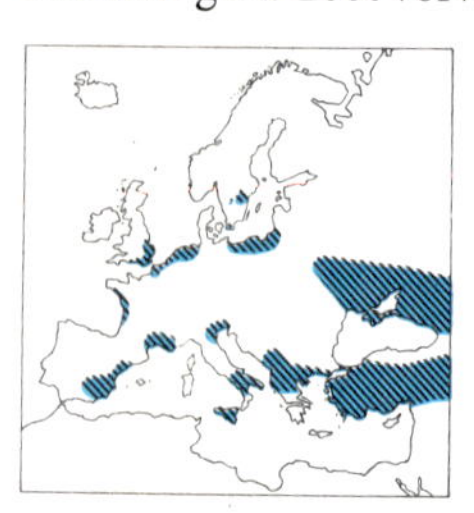
Bartmeise

Beutelmeise

♀
♂
Bartmeise
♂
♂
Beutelmeise
♂
juv.

Ammern Familie Emberizidae

Goldammer *Emberiza citrinella* 16,5 cm

Gefieder sehr variabel. Junge Weibchen im ersten Winterkleid oft ganz graubeige und rotbraun. In allen Kleidern ist das Rotbraun des Bürzels und/oder der Oberschwanzdecken kennzeichnend. Sucht auf dem Boden hüpfend Nahrung, oft in geduckter und langgestreckter Haltung. Rastet oft in kleinen Gruppen hoch in Bäumen oder Gebüsch. Das Männchen singt von Februar bis Juli sein typisches zweiteiliges Lied: hohe Zwitschertöne, gefolgt von einem wehmütigen, gedehnten Schlußton, „zi-zi-zi-z-zi-zi-züüh". Aufgeschreckt ein kurzes „zick", dem zuweilen ein rollendes „prüllüllü . . ." folgt. Vom Sitzplatz ein kratzendes „dsüh", kurz oder etwas gedehnt, bei stärkerer Erregung ein Doppellaut „tschit-schrüt", wobei sie oft mit dem Schwanz zuckt. Verbreitet in abwechslungsreicher Kulturlandschaft mit Gärten, Wäldchen, Feldgehölzen usw. Lebt von allerlei Sämereien, in der Brutzeit zum großen Teil von Insekten.

Zaunammer *Emberiza cirlus* 16,5 cm

Männchen unverkennbar. Weibchen ähnlich Goldammer, aber oft mit deutlichem hellem Wangenstreif, ausgedehnterer Brustzeichnung, schwächer gelber oder gelbgrauer Unterseite und grauem bis graubraunem Bürzel. Herbstvögel unterschiedlich, am sichersten nach der Farbe dcs Bürzels zu bestimmen. Erinnert im Vcrhalten an Goldammer, ist aber in der Brutzeit stärker an baumbestandenes Gelände, z. B. Obstgärten, Schonungen, Alleen und Waldränder gebunden unf oft schwerer auszumachen. Im Herbst und Winter oft zusammen mit Goldammern auf offenem Ackerland. Gesang ein gedehntes, hölzernes Klappern. Lockruf ein etwas gedehntes „ziip", im Flug mitunter vibrierend „zissizip". Ernährung wie Goldammer.

Ortolan *Emberiza hortulana* 16,5 cm

Leicht am hell schwefelgelben Augenring zu erkennen. Im Frühjahr fallen auch der olivgraue, „viereckige" Kopf, der breite weißgelbe Bartstreif und der rosa Schnabel sowie die rotbeige getönte Unterseite auf. Der mitunter auch nachts zu hörende Gesang hat einen hübsch klingenden, etwas kohlmeisenartigen ersten und einen abfallenden, wehmütigen zweiten Teil; er variiert und lautet z. B. „zie-zie-zie-zie, trüh-trüh-trüh". Lockruf ein kurzes „tschip", von ziehenden Vögeln mehr wie „zie", oft gefolgt von einem kurzen „tüpp" in charakteristischem regelmäßigem Wechsel; auch ein etwas gimpelähnliches „tscheü". Kommt in offener Kulturlandschaft mit einzelnen Bäumen, Wäldchen, Alleen und Hecken sowie in üppigem Wiesenland mit einzelnen Weiden, Birken und anderen Bäumen vor, oft am Rande von Feuchtgebieten. Lebt zum großen Teil von Sämereien, in der Brutzeit jedoch vorwiegend von Insekten, vor allem Raupen. Zieht im August/September ins tropische Afrika und kommt im April/Mai zurück.

Goldammer

Zaunammer

Ortolan

♀
Goldammer
♂
♂
♀
Zaunammer
♂
Ortolan
♀

Grauammer *Emberiza calandra* 18 cm

An Größe, lerchenfarbigem Gefieder, Schwanz ohne Weiß und starkem Schnabel zu erkennen. An offene Kulturlandschaft gebunden; sitzt oft auf Telefonleitungen und Zäunen am Straßenrand. Das Männchen singt von seiner Singwarte aus eine zuerst schnell schilpende, dann knirschende Tonfolge, die drei- bis viermal wechselt „tück-tück-tück trilililiririririlililü". Von und zu seiner Singwarte oder während des Gesanges fliegt es mit schnellen flachen Flügelschlägen und hängenden Beinen. Außerhalb der Brutzeit in Schwärmen, mitunter zusammen mit Goldammern. Kontaktlaut ein leises, aber sehr hartes „tick", Lockruf ein weiches, rollendes „dchrrüt". Verzehrt vorwiegend Sämereien, aber auch Insekten.

Weidenammer *Emberiza aureola* 15 cm

Leicht zu erkennen, das Weibchen an der gelben Unterseite, der deutlichen Zeichnung des Kopfes (Scheitelstreif oft gut sichtbar) und der weißen Flügelbinde. Einjährige Männchen im Frühjahr variieren und sehen mitunter fast wie Weibchen aus. Jungvögel und Weibchen auf dem Herbstzug (August) sind unterseits weich strohgelb und haben kräftigen Brauenstreif und Flügelbinde und stark gestreiften Bürzel. Singt fleißig. Der Gesang klingt friedlich und gleicht am meisten dem des Ortolans, hat aber auch oft etwas von den Schluckauflauten der Rohrammer. Die Silbenzahl schwankt, er besteht meist aus drei oder vier Abschnitten, z. B. „tse tüü-tüi, tsiü-tsiü, zieü" oder „tsiü-tsiü-tsiü, wüe-wüe, tsia-tsia-tripp-tripp". Lockruf ein kurzes, scharfes „tsick" oder „tsi". Brütet in üppigem, oft sumpfigem Wiesengelände, in trockeneren Mooren mit reichem Weiden-, Birken- oder Erlenbestand. Zieht im August nach Südostasien, kehrt Anfang Juni zurück.

Rohrammer *Emberiza schoeniclus* 14 – 16 cm

Männchen unverkennbar. Weibchen und weitgehend alle Herbstvögel recht unterschiedlich gefärbt. Jedoch von anderen im gleichen Biotop vorkommenden Ammern unterschieden durch Farbskala (Flügelbug oft auffallend rot), Verhalten und Gestalt. Zwei in der Taiga brütende Arten, die Zwergammer *(E. pusilla)* und die Waldammer *(E. rustica)* treten auf dem Zuge bei uns gelegentlich als Irrgast in Rohrammer-Biotopen auf; man achte auf die Unterschiede in der Schnabelform sowie in der Wangen- und Brustzeichnung. Die Rohrammer ist in den meisten Feuchtgebieten mit Binsen oder Schilf und Weidengebüsch häufig, und sie verrät ihre Anwesenheit oft durch ihren zart saugenden Lockruf „tsiiü". Setzt sich gern frei auf die Spitze eines Schilfhorstes oder einer Staude, zuckt mit dem Schwanz und läßt sich bei Gefahr auf den Boden fallen. Der Gesang ist langsam und schilpernd (schluckaufartig) mit einem schwirrenden Schlußpunkt; die Silbenzahl schwankt. Zugruf ein leises, rauhes „tschüp". Auf dem Zug und im Winter oft in kleinen Gruppen, auch auf Äckern und Wiesen weit vom Wasser.

Grauammer

Weidenammer

Rohrammer

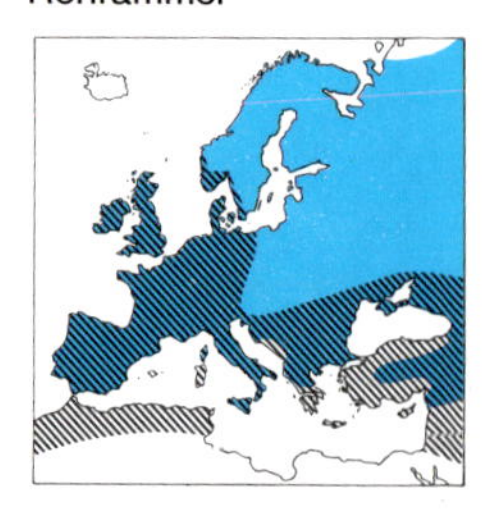

Grauammer
Weidenammer
♂
einjähr.
♂
♀

juv. ♀ Herbst
♂ Herbst
Goldammer
Zaunammer
juv. ♀ Herbst
Ortolan
juv. Herbst
Zaunammer
♂ Herbst
Weidenammer juv. ♀ Herbst

♂
♀
Rohrammer
♂ Herbst
♀/juv. ♀ Herbst
Zwerg-
ammer Herbst
Rohrammer
Waldammer
juv. Herbst
♀/juv. ♀ Herbst

Literaturhinweise

Die Bücher über die Vogelwelt Europas sind so zahlreich, daß es schwer ist, eine repräsentative Auswahl zu treffen; die folgende Liste ist daher nur als Vorschlag anzusehen.

Berndt, R., u. W. Meise (1959 – 1966): Naturgeschichte der Vögel. 3 Bde. Stuttgart
Bruun, B., A. Singer u. C. König (1974): Der Kosmos-Vogelführer. Stuttgart
Cerny, W. u. K. Drchal (1977): Welcher Vogel ist das? Kosmos Stuttgart
Frieling, H. (1977): Was fliegt denn da? Kosmos Stuttgart
Géroudet, P., u. P.-A. Robert (1947 – 1957): La vie des oiseaux. 6 Bde. Neuchâtel u. Paris
Glutz v. Blotzheim, U. (1962): Die Brutvögel der Schweiz. Aarau
Harrison, C. (1975): Jungvögel, Eier und Nester aller Vögel Europas, Nordafrikas und des Mittleren Ostens. Hamburg u. Berlin
Heinzel, H., R. Fitter u. J. Parslow (1972): Pareys Vogelbuch. Hamburg u. Berlin
Hoeher, S. (1976): Vogelkinder und ihre Eltern. Kosmos Stuttgart
König, C. (1966 – 1970): Europäische Vögel. 3 Bde. Stuttgart
Makatsch, W. (1966): Wir bestimmen die Vögel Europas. Radebeul u. Melsungen
Mebs, T. (1977): Eulen und Käuze. Kosmos Stuttgart
Mebs, T. (1977): Greifvögel Europas. Kosmos Stuttgart
Morbach, J. (1929 – 1939, 1940, 1943, 1962 – 1963): Vögel der Heimat. 9 Bde. Esch-Alzette
Niethammer, G. (1937 – 1942): Handbuch der deutschen Vogelkunde. 3 Bde. Berlin
Niethammer, G., K. Bauer, U. Glutz v. Blotzheim & E. Bezzel (1966 –): Handbuch der Vögel Mitteleuropas. (Bisher 7 Bde. erschienen.) Frankfurt/M.
Peterson, R., G. Mountfort & P. A. D. Hollom (1976): Die Vögel Europas. Hamburg u. Berlin
Porter, R. F., J. Willis, St. Christensen & B. P. Nielsen (1974): Flight Identification of European Raptors. Berkhamsted
Rohm, G.-W. (1976): Bunte Welt der Vögel. Kosmos Stuttgart
Scott, P. (1962): Das Wassergeflügel der Welt. Hamburg u. Berlin
Vaurie, C. (1959, 1965): The Birds of the Palearctic Fauna. London u. New York
Voous, K. H. (1962): Die Vogelwelt Europas und ihre Verbreitung. Hamburg u. Berlin
Witherby, H. F., F. C. R. Jourdain, N. F. Ticchurst & B. W. Tucker (1949): The Handbook of British Birds. 5 Bde. London
Wüst, W. (1970): Die Brutvögel Mitteleuropas. München

Deutschsprachige ornithologische Zeitschriften und Vereinigungen

Zeitschrift	Vereinigung
Bundesrepublik Deutschland	
Journal für Ornithologie	Deutsche Ornithologen-Gesellschaft
Die Vogelwarte	Deutsche Ornithologen-Gesellschaft
Wir und die Vögel	Deutscher Bund für Vogelschutz
Die Vogelwelt	
Die Welt der Vögel	
Anzeiger der ornithologischen Gesellschaft in Bayern	Ornithologische Gesellschaft in Bayern
Charadrius	Gesellschaft Rheinischer Ornithologen
Deutsche Demokratische Republik	
Der Falke	Kulturbund der DDR
Beiträge zur Vogelkunde	
Österreich	
Egretta	Österreichische Gesellschaft für Vogelkunde
Schweiz	
Der Ornithologische Beobachter	Ala, Schweizerische Gesellschaft für Vogelkunde und Vogelschutz

Register